Você e a Astrologia

GÊMEOS

Bel-Adar

Você e a Astrologia

GÊMEOS

*Para os nascidos de
21 de maio a 20 de junho*

Editora
Pensamento
SÃO PAULO

Copyright da 1ª edição © 1968 Editora Pensamento-Cultrix Ltda.
14ª edição 2012.

Todos os direitos reservados. Nenhuma parte desta obra pode ser reproduzida ou usada de qualquer forma ou por qualquer meio, eletrônico ou mecânico, inclusive fotocópias, gravações ou sistema de armazenamento em banco de dados, sem permissão por escrito, exceto nos casos de trechos curtos citados em resenhas críticas ou artigos de revistas.

A Editora Pensamento não se responsabiliza por eventuais mudanças ocorridas nos endereços convencionais ou eletrônicos citados neste livro.

Dados Internacionais de Catalogação na Publicação (CIP)
(Câmara Brasileira do Livro, SP, Brasil)

Bel-Adar
  Você e a astrologia : gêmeos : para os nascidos de 21 de maio a 20 de junho / Bel-Adar. – São Paulo : Pensamento, 2009.

  13ª reimpr. da 1. ed. de 1968.
  ISBN 978-85-315-0716-8

  1. Astrologia 2. Horóscopos I. Título.

08-10999   CDD-133.5

Índices para catálogo sistemático:
1. Astrologia 133.5

Direitos reservados
EDITORA PENSAMENTO-CULTRIX LTDA.
Rua Dr. Mário Vicente, 368 — 04270-000 — São Paulo, SP
Fone: (11) 2066-9000 — Fax: (11) 2066-9008
E-mail: atendimento@editorapensamento.com.br
http://www.editorapensamento.com.br
Foi feito o depósito legal.

ÍNDICE

Astrologia 7

O zodíaco.. 15

Gêmeos 19

Natureza cósmica de Gêmeos 21
O elemento ar, 21. Vibração, 22. Polaridade, 24. Ritmo, 25. Duplicidade, 26. Manifestação da energia, 28. Figura simbólica, 29. Júpiter em Gêmeos, 30. Síntese cósmica, 30.

O geminiano 33
Como identificar um geminiano, 33. A insatisfação, 34. O dom da palavra, escrita e falada, 36. A instabilidade, 37. O psiquismo, 39. A mulher de Gêmeos, 41. O poder mental, 42. O tempo, o amor e a solidão, 45. Síntese, 46.

O destino 47
Evolução material, 49. Família, 50. Amor, 52. Filhos, 53. Posição social, 54. Finanças, 55. Saúde, 58. Amigos, 60. Inimigos, 61. Viagens, 62. Profissões, 63. Síntese. 65.

A criança de Gêmeos 67

O TRIÂNGULO DE AR 71

AS NOVE FACES DE GÊMEOS 75
Tipo Geminiano–Mercuriano, 75. Tipo Geminiano–Venusiano, 77. Tipo Geminiano–Uraniano, 80.

GÊMEOS E O ZODÍACO 83
Gêmeos–Áries, 85. Gêmeos–Touro, 88. Gêmeos–Gêmeos, 92. Gêmeos–Câncer, 95. Gêmeos–Leão, 99. Gêmeos–Virgem, 102. Gêmeos–Libra, 106. Gêmeos–Escorpião, 109. Gêmeos–Sagitário, 113. Gêmeos–Capricórnio, 116. Gêmeos–Aquário, 120. Gêmeos–Peixes, 123.

MERCÚRIO, O REGENTE DE GÊMEOS 127
Simbolismo das cores, 132. A magia das pedras e dos metais, 135. A mística das plantas e dos perfumes, 136.

MERCÚRIO E OS SETE DIAS DA SEMANA 139
Segunda-Feira, 139. Terça-Feira, 140. Quarta-Feira, 141. Quinta-Feira, 142. Sexta-Feira, 143. Sábado, 145. Domingo, 146.

MITOLOGIA 149
Gêmeos, 149. Mercúrio, 152.

ASTRONOMIA 155
A constelação de Gêmeos, 155. O planeta Mercúrio, 156.

ALGUNS GEMINIANOS FAMOSOS 160

ASTROLOGIA

Mergulhando no passado, em busca das origens da Astrologia, descobre-se que ela já existia, na Mesopotâmia, trinta séculos antes da Era Cristã. No século VI a.C., atingiu a Índia e a China. A Grécia recebeu-a em seu período helênico e transmitiu-a aos romanos e aos árabes. Caldeus e egípcios a praticaram; estes últimos, excelentes astrônomos e astrólogos, descobriram que a duração do ano era de 365 dias e um quarto e o dividiram em doze meses, de trinta dias cada, com mais cinco dias excedentes.

Foram os geniais gregos que aperfeiçoaram a Ciência Astrológica e, dois séculos antes da nossa era, levantavam horóscopos genetlíacos exatamente como os levantamos hoje. Criaram o zodíaco intelectual, com doze signos de trinta dias, ou trinta graus cada, e aos cinco dias restantes deram o nome de epagômenos. Delimitaram a faixa zodiacal celeste, sendo que os primeiros passos para isso foram dados pelo grande filósofo Anaximandro e por Cleostratus. Outro filósofo, de nome Eudoxos, ocupou-se de um processo chamado *catasterismo*, identificando as estrelas com os deuses. Plutão associou o Sol a um deus composto, Apolo-Hélios, e criou um sistema de teologia astral. Hiparcus, um dos maiores gregos de todos os tempos, foi apologista fervoroso do poder dos astros, e epicuristas e estóicos, que compunham as duas mais poderosas frentes filosóficas que o homem jamais conheceu, dividiam suas opiniões; enquanto os epicuristas rejeitavam a Astrologia, os estóicos a defendiam ardentemente e cultivavam a teoria da *simpatia universal*, ligando o pequeno mundo do homem, o microcosmo, ao grande mundo da natureza, o macrocosmo.

Os antigos romanos relutaram em aceitar a ciência dos astros, pois tinham seus próprios deuses e processos divinatórios. Cícero repeliu-a mas Nigidius Figulus, o homem mais culto de sua época, defendeu-a com ardor. Com o Império ela triunfou e César Augusto foi um dos seus principais adeptos. Com o domínio do cristianismo perdeu sua característica de conhecimento sagrado, para manter-se apenas como arte divinal, pois os cristãos opunham a vontade do Criador ao determinismo das estrelas. Esqueceram-se, talvez, que foi o Criador quem fez essas mesmas estrelas e, segundo o Gênese, cap. 1, vers. 14, ao criá-las, disse:

"...e que sejam elas para sinais e para tempos determinados..."

Nos tempos de Carlos Magno, a Astrologia se espalhou por toda a Europa. Mais tarde, os invasores árabes reforçaram a cultura européia e a Ciência Astronômica e Astrológica ao divulgarem duas obras de Ptolomeu, o Almagesto e o Tetrabiblos. Na Idade Média ela se manteve poderosa e nem mesmo o advento da Reforma conseguiu prejudicá-la, sendo que dois brilhantes astrônomos dessa época, Ticho Brahe e Kepler, eram, também, eminentes astrólogos.

Hoje a Ciência Astrológica é mundialmente conhecida e, embora negada por uns, tem o respeito da maioria. Inúmeros tratados, onde competentes intelectuais estabelecem bases racionais e milhares de livros, revistas e almanaques populares são publicados anualmente e exemplares são permutados entre todos os países. Gradualmente ela vem sendo despida de suas características de adivinhação e superstição, para ser considerada em seu justo e elevado valor, pois é um ramo de conhecimento tão respeitável quanto a Psicologia, a Psicanálise, a Psiquiatria ou a Parapsicologia, que estudam e classificam os fenômenos sem testes de laboratório e sem instrumentos de física, empregando, apenas, a análise e a observação.

Os cientistas de nossa avançada era astrofísica e espacial já descobriram que, quando há protuberâncias no equador solar ou explodem bolhas gigantescas em nosso astro central, aqui, na Terra, em conseqüência dessas bolhas e explosões, seres humanos sofrem ataques apopléticos ou são vitimados por embolias; isto acontece porque a Terra é bombardeada por uma violenta tempestade de elétrons e ondas curtas, da natureza dos Raios Roentgen, que emanam das crateras deixadas por essas convulsões solares e que causam, nos homens, perturbações que podem ser medidas por aparelhos de física e que provocam os espasmos arteriais, aumentando a mortalidade. Usando-se um microscópio eletrônico, pode-se ver a trajetória vertiginosa dos elétrons, atravessando o tecido nervoso de um ser humano; pode-se, também, interromper essa trajetória usando campos magnéticos. Raios cósmicos, provindos de desconhecidos pontos do Universo, viajando à velocidade de 300 000 quilômetros por segundo e tendo um comprimento de onda de um trilionésimo de milímetro, caem como chuva ininterrupta sobre a Terra, varando nossa atmosfera e atravessando paredes de concreto e de aço com a mesma facilidade com que penetram em nossa caixa craniana e atingem nosso cérebro. Observações provaram que a Lua influencia as marés, o fluxo menstrual das mulheres, o nascimento das crianças e animais, a germinação das plantas e provoca reações em determinados tipos de doentes mentais.

É difícil, portanto, admitir esses fatos e, ao mesmo tempo, negar que os astros possam emitir vibrações e criar campos magnéticos que agem sobre as criaturas humanas; é, também, difícil negar que a Astrologia tem meios para proporcionar o conhecimento do temperamento, caráter e conseqüente comportamento do homem, justamente baseando-se nos fenômenos cósmicos e nos efeitos magnéticos dos planetas e estrelas. Um cético poderá observar que está pronto a considerar que é possível classificar, com acerto, as criaturas dentro de doze signos astrológicos mas que acha absurdo prever o destino por meio dos astros. Objetamos, então, que o destino de uma pessoa resulta de uma série de fatores, sendo que os mais importantes, depois do seu caráter e temperamento, são o seu comportamento e as suas atitudes mentais. Pode-se, por conseguinte, com conhecimentos profundos da Astrologia, prever muitos acontecimentos, com a mesma base científica que tem o psiquiatra, que pode adivinhar o que acontecerá a um doente que tem mania de suicídio, se o deixarem a sós, em um momento de depressão, com uma arma carregada.

Muitos charlatães têm a vaga noção de que Sagitário é um cavalinho com tronco de homem e Capricórnio é um signo que tem o desenho engraçado de uma cabra com rabinho de peixe. Utilizando esse "profundo" conhecimento, fazem predições em revistas e jornais, com razoável êxito financeiro. Outros "astrólogos", mais alfabetizados, decoram as induções básicas dos planetas e dos signos e depois, entusiasmados, fazem horóscopos e previsões de acontecimentos que não se realizam: desse modo, colocam a Astrologia em descrédito, da mesma forma que seria ridícula a Astronáutica se muitos ignorantes se metessem a construir espaçonaves em seus quintais. Devem todos, pois, fugir desses mistificadores como fugiriam de alguém que dissesse ser médico sem antes ter feito os estudos necessários. Os horóscopos só devem ser levantados por quem tem conhecimento e capacidade e só devem ser acatadas publicações endossadas por nomes respeitáveis ou por organizações de reconhecido valor, que se imponham por uma tradição de seriedade e rigor.

A Astrologia não é um negócio, é uma Ciência; Ciência capaz de indicar as nossas reais possibilidades e acusar as falhas que nos impedem de realizar nossos desejos e os objetivos da nossa personalidade; capaz de nos ajudar na educação e orientação das crianças de modo a que sejam aproveitadas, ao máximo, as positivas induções do signo presente no momento natal; que pode apontar quais os pontos fracos do nosso corpo, auxiliando-nos a preservar a saúde; essa ciência nos mostrará as afinidades e hostilidades existentes entre os doze tipos zodiacais de modo que possamos ter felicidade no lar, prosperidade nos negócios, alegria com os amigos e relações harmônicas com todos os nossos semelhantes. As estrelas, enfim, nos desvendarão seus mistérios e nos ensinarão a solucionar os transcendentes problemas do homem e do seu destino, dando-nos a chave de ouro que abrirá as portas para uma vida feliz e harmônica, onde conheceremos mais vitórias do que derrotas.

Bel-Adar

O ZODÍACO

O zodíaco é uma zona circular cuja eclíptica ocupa o centro. É o caminho que o Sol parece percorrer em um ano e nela estão colocadas as constelações chamadas zodiacais que correspondem, astrologicamente, aos doze signos. O ano solar (astronômico) e intelectual (astrológico) tem início em 21 de março, quando o Sol atinge, aparentemente, o zero grau de Áries, no equinócio vernal, que corresponde, em nossa latitude, à entrada do outono. Atualmente, em virtude da precessão dos equinócios, os signos não correspondem à posição das constelações, somente havendo perfeita concordância entre uns e outros a cada 25 800 anos, o que não altera, em nada, a influência cósmica dos grupos estelares em relação ao zodíaco astrológico.

Em Astrologia, o círculo zodiacal tem 360 graus e está dividido em doze Casas iguais, de 30 graus cada. Não há, historicamente, certeza de sua origem. Nos monumentos antigos da Índia e do Egito foram encontrados vários zodíacos, sendo os mais célebres o de

Denderah e os dos templos de Esné e Palmira. Provavelmente a Babilônia foi seu berço e tudo indica que as figuras que o compunham, primitivamente, foram elaboradas com os desenhos das estrelas que compõem as constelações, associados a certos traços que formam o substrato dos alfabetos assírio-babilônica.

Cosmicamente, o zodíaco representa o homem arquetípico, contendo: o binário masculino-feminino, constituído pela polaridade *positivo-negativa* dos signos; o ternário rítmico da dinâmica universal, ou seja, os ritmos *cardinal, fixo e mutável;* o quaternário, que representa os dois aspectos da matéria, cinético e estático, que se traduzem por *calor e frio — umidade e secura.* Este quaternário é encontrado nas forças fundamentais — radiante, expansiva, fluente e coesiva — e em seus quatro estados de materialização elementar: *fogo, ar, água* e *terra.*

Na Cabala vemos que Kjokmah, o segundo dos três principais Sephirot, cujo nome divino é Jehovah, tem como símbolo a *linha*, e seu Chakra mundano, ou representação material, é Mazloth, o Zodíaco. Também a Cabala nos ensina que Kether, o primeiro e supremo Sephirahm cujo Chakra mundano é "Primeiro Movimento", tem, entre outros, o seguinte título, segundo o texto yetzirático: *Ponto Primordial*. Segundo a definição euclidiana, o ponto tem posição, mas não possui dimensão; estendendo-se, porém, ele produz a linha. Kether, portanto, é o Ponto Primordial, o princípio de todas as coisas, a fonte de energia não manifestada, que se estende e se materializa em Mazloth, o Zodíaco, cabalisticamente chamado de "O Grande Estimulador do Universo" e misticamente considerado como Adam Kadmon, o primeiro homem.

Pode-se, então, reconhecer a profunda e transcendente importância da Astrologia quando vemos no Zodíaco o Adam Kadmon, o homem arquetípico, que se alimenta espiritualmente através do cordão umbilical que o une ao logos e que está harmonicamente adaptado ao equilíbrio universal pelas leis de Polaridade e Ritmo expressas nos doze signos.

GÊMEOS

Gêmeos é a terceira constelação zodiacal, corresponde ao terceiro signo astrológico e domina sobre os dias que vão de 21 de maio a 20 de junho. Tem como figura simbólica dois adolescentes e sua palavra-chave é INTELIGÊNCIA. O seu hieróglifo representa também o algarismo romano correspondente ao número dois, o que indica a indissolúvel união entre o Espírito e a Matéria. Nos dois jovens que representam esta constelação, podemos ver Abel e Caim, o bem e o mal, e Castor e Pólux, o mortal e o imortal, ou seja, o homem material e o homem divino.

Segundo a Cabala Mística, o regente celestial de Gêmeos é Ambriel e na Magia Teúrgica a ordem dos anjos que lhe corresponde é a dos Tronos, ou seres que têm o poder de conservar a forma da matéria. Nos mistérios da Ordem Rosa-Cruz descobrimos que as letras I.N.R.I., colocadas no madeiro onde Jesus foi crucificado, representam as iniciais dos quatro elementos, em língua hebraica: *Iam*, água – *Nour*, fogo – *Ruach*, espírito ou ar vital – *Iabeshab*, terra. O ar, portanto, elemento a que pertence Gêmeos, está indicado pelo R, terceira letra da Cruz.

Como signo de ar, nos quatro planos da vida, ele corresponde ao plano Mental. Na Magia encontramos que os seres invisíveis que o dominam são os Silfos, diáfanas criaturas aéreas, em cuja oração de invocação encontramos o *movimento* como atributo divino:

> "Espírito de luz, espírito de sabedoria, cujo sopro dá e recolhe a forma de todas as coisas; tu, diante de quem a vida dos seres é uma sombra que muda e um vapor que passa; tu que sobes às nuvens e que andas levado pelas asas dos ventos; tu, que respiras e assim povoas os espaços sem fim; tu, que aspiras e tudo o que vem de ti volta a ti; movimento sem fim na esterilidade eterna, sê eternamente bendito..."

NATUREZA CÓSMICA DE GÊMEOS

O elemento ar

Como signo aéreo, elemento de força expansiva, Gêmeos dá àqueles que nascem sob sua influência uma personalidade inquieta, curiosa e ágil; a regência do vibrátil e móvel Mercúrio vem intensificar ainda mais as qualidades naturais deste setor zodiacal e dos que nele têm a sua data de nascimento.

Os geminianos, como os nativos dos demais signos de ar, pertencem à classe de criaturas que preferem usar a inteligência e desprezar a força; para eles o intelecto é sempre mais importante do que os músculos. Os filhos dos signos aéreos possuem sempre um sentido mental em suas atividades, embora em cada um deles encontremos diferenças bem marcantes; nos librianos a inteligência é conduzida num sentido de ordem e ética, bem-estar e perfeição espiritual e material; nos aquarianos ela tem uma orientação mais científica e universalista; nos geminianos o trabalho mental é quase sempre de pesquisa, pois é neste signo que o homem dá vazão à sua ânsia de descobrir e explicar a razão de sua existência. É em Gêmeos que se realiza a primeira tarefa de separação e classificação, distinguindo-se as polaridades e os opostos, feminino e masculino, bom e ruim, sombra e luz, vida e morte; Mercúrio, que sempre foi o mensageiro dos deuses, serve de guia, agindo como intermediário entre o divino e o humano e representando o elo entre as forças cósmicas e o mundo material.

Este signo determina inteligência, sensibilidade e compreensão. Proporciona uma natureza alegre, que sempre inspira simpatia, mas sua irradiação é inquieta e seus nativos parecem estar sempre prontos para ir a algum lugar. Gêmeos marca o fim do outono, pois o inverno se inicia na Casa angular de Câncer, a 21 de junho; por isso os geminianos sentem uma grande necessidade de alegria e companhia e sempre preferem as realizações rápidas, como se temessem não ter tempo para obras de fôlego, como se receassem a solidão e a morte aparente das coisas sob o abraço constritor e gelado do inverno. Aos nativos dos signos aéreos a tristeza sempre repugna porque eles pertencem aos espaços infinitos onde a vida é eterna porque não tem forma e onde não existe mágoa ou dor.

Vibração

O signo de Gêmeos possui uma natureza intensamente vibrátil e, devido à sua posição como Casa cadente do zodíaco, sua tarefa principal é o aperfeiçoamento. Sua influência é intensamente mental e seus nativos, principalmente quando evoluídos e positivos, procuram sempre as preocupações onde possam desenvolver, melhorar, criar, improvisar; sua arma principal é a palavra, escrita ou falada, e tanto sabem argumentar em causa própria como em benefício de outrem; tanto sabem escrever uma carta de amor como um bilhete de negócios ou um compêndio de leis; possuem extrema habilidade para vender ou comerciar com toda e qualquer espécie de produto, mas como este é um signo que não inclina aos esforços físicos, dificilmente eles se dedicam a plantar ou fabricar aquilo que tão bem sabem vender.

A vibrátil energia mercurial e aérea, decorrente da combinação Gêmeos–Mercúrio, determina brilhante poder de criação e ideação, e empresta objetividade e lógica ao pensamento e à ação; as realizações dos geminianos, porém, quase sempre carecem de profundidade, em virtude da pressa que eles sentem, pois ao empreender qualquer tarefa só pensam em terminá-la o mais rápido possível; o tempo passa muito ligeiro para eles, mas isso não importa porque a principal atribuição de Gêmeos é despertar no homem a divina centelha da inteligência e ensiná-lo a utilizar sua mente para extrair o melhor proveito de tudo e de todos.

Polaridade

Gêmeos é um setor zodiacal de polaridade positiva ou masculina. Os termos positivo e negativo, masculino e feminino, empregados em relação aos signos, não indicam força, sexo ou debilidade, mas são, apenas, as denominações de duas espécies de energia; chama-se de positivo ou masculino o setor zodiacal que possui energia cinética e, portanto, impulsiona ou emite, enquanto feminino ou negativo é o signo que possui energia estática, isto é, que recebe ou absorve.

A polaridade de Gêmeos torna seus nativos altamente independentes. Sem lhes emprestar a agressividade dos arianos ou a rebeldia dos aquarianos, dá-lhes um temperamento voluntarioso e evasivo e eles se escapam mercurialmente por entre nossos dedos, quando tentamos dominá-los. Detestam obedecer mas gostam de ser obedecidos, embora jamais tiranizem ou subjuguem quem quer que seja. Aplicam as leis mas só as seguem quando lhes convêm. Fogem de qualquer espécie de sujeição e só se encarregam de qualquer tarefa quando podem pegá-la e largá-la a seu bel-prazer.

A liberdade é o bem mais precioso para todos aqueles que nascem em signos de fogo e de ar. Os geminianos também são apóstolos da liberação espiritual, mental e física. Sua mente é extraordinariamente ágil, mas não é passiva e por isso eles adaptam, mas não se despersonalizam. Quando estudam uma doutrina querem sempre moldá-la aos seus conceitos. Quando se dedicam à política, à religião ou à ciência, querem sempre introduzir e difundir seus princípios, sistemas e idéias e somente aceitam as opiniões e conceitos alheios quando os reconhecem como justos e acertados.

Nos tipos menos elevados deste signo, a polaridade positiva não determina uma natureza agressiva ou belicosa. Inclina, porém, à crítica destrutiva e cruel, à sátira impiedosa, à desobediência às leis, à desonestidade e à fraude.

Ritmo

O dualismo dinâmico universal se compõe de duas forças, movimento e inércia, ou ritmos, impulso e estabilidade; o equilíbrio entre estas oposições determina uma terceira manifestação de energia, que funciona como agente de transição: é o ritmo mutável.

Gêmeos está classificado como signo mutável. Na verdade, é o mais típico dentre todos os setores zodiacais que possuem a mesma modalidade rítmica, e os que nascem sob suas estrelas refletem intensa variabilidade mental e acional. Este ritmo proporciona capacidade de adaptação e transmissão, mas também torna os geminianos instáveis e inseguros, naturalmente até o momento em que encontram uma definição exata para a sua existência.

A mutabilidade de Gêmeos determina, em seus nativos, um humor intensamente variável. Os geminianos possuem grande capacidade para entender e assimilar, têm o dom de impressionar pela palavra e pelo gesto e geralmente têm a faculdade de despertar, em outras pessoas, o desejo de fazer coisas diferentes e descobrir novos caminhos. Graças à constante rítmica deste signo, que proporciona o meio-termo ou o equilíbrio entre o estático e o dinâmico, o geminiano pode ser de grande utilidade, não só para si mesmo como, também, para todos os seus irmãos zodiacais, principalmente os que nascem em signos estáveis ou fixos.

Duplicidade

O hieróglifo ou selo de Gêmeos é duplo e representa dois pilares, II. A figura de dois jovens, que lhe serve de símbolo, é igualmente dupla. Ele é, portanto, um signo bicorpóreo, que tanto pode determinar dualidade na personalidade, temperamento e caráter de seus nativos, como criar dois tipos bem distintos; Pólux, imortal, e Castor, mortal, se quisermos usar a mitologia como exemplo.

Os geminianos de dupla personalidade têm um humor muito instável e passam da intensa tagarelice para o silêncio, da alegria para a tristeza, da afabilidade para a cólera ou da depressão para o entusiasmo. Nunca têm certeza de si mesmos, da profissão que desejam abraçar ou do lugar para onde querem ir, mas são determinados e confiantes quando fazem algo que é do seu agrado. Os tipos negativos ou inferiores mostram a mesma variação e são, alternadamente, honestos e trapaceiros, demonstrando grande firmeza de opinião em determinadas coisas e incertezas em outras.

Este signo também pode determinar os indivíduos que representam apenas um dos pilares, isoladamente. Vamos classificá-los como Castor e Pólux, usando a mitologia novamente. Em Pólux encontramos o tipo intelectual, que é indiferente aos ganhos e lucros e está sempre mais interessado em fazer aquilo que gosta do que aquilo que traz proveito. Inteligência brilhante, mentalidade científica e capacidade ilimitadas para criar, interpretar, traduzir e aplicar, no sentido mais amplo da palavra, desde o campo científico ou filosófico até o plano artístico ou literário, são qualidades que marcam estes geminianos, que estão diretamente ligados ao plano mental e ao mundo das idéias. Em Castor encontramos o geminiano material, exclusivamente prático, com maior capacidade para aproveitar suas qualidades e maiores probabilidades de vitória material do que Pólux, porque não faz apenas o que gosta; faz, também, o que precisa, o que deve e, acima de tudo, o que traz lucro e proveito. Tanto podendo comerciar, comprar e vender, como exercer atividades literárias, científicas, jornalísticas ou artísticas, este geminiano é mais objetivo, mais esperto e mais hábil do que Pólux; está, porém, infinitamente distante dos deuses, pois suas realizações são puramente materiais.

Manifestações da energia

Gêmeos é um signo violento e sua irradiação faz com que seus nativos tenham um temperamento forte e corajoso. Os geminianos se arremessam com ardoroso entusiasmo sobre todas as coisas, mas, devido à variedade do signo, seu ímpeto é apenas inicial e seu entusiasmo é passageiro. Certos tipos, unindo a intensidade à instabilidade, são extremistas na raiva ou no amor, na tristeza ou na alegria, na cólera ou na bondade, caminhando sempre nas pontas extremas de todas as emoções e jamais atingindo o equilíbrio interior. Estas características de Gêmeos, todavia, jamais demonstram a rudeza de Áries, a agressividade de Escorpião ou a crueldade de Capricórnio, que também são signos de violência.

O adjetivo "violento", aplicado a um signo ou a um planeta, significa força criadora, impetuosa e invencível, que não conhece obstáculos ou repressões; nos geminianos menos evoluídos, que são dominados pela instabilidade do seu signo e de Mercúrio, esta força se fragmenta e se perde, deixando, apenas, forte tensão psíquica e nervosa.

Figura simbólica

Gêmeos é representado por dois adolescentes, sendo, portanto, um signo humano. Esta qualidade se reflete nos que nascem sob suas estrelas e os geminianos têm imensa capacidade para entender, perdoar e amar seus semelhantes, embora possuam a tendência de idealizar criaturas e situações perfeitas, que não correspondem à realidade, e intelectualizar demasiadamente seus sentimentos e emoções.

Determinando forte instinto gregário, este signo torna seus nativos sociáveis e amáveis e proporciona inclinação para as atividades que beneficiam a coletividade. Desenvolve a percepção interior e a intuição e desperta a necessidade das pesquisas fora do terreno material, como meio de obter o conhecimento da verdade e da ligação entre o Criador e a criatura.

O dom da voz e o domínio das expressões e dos gestos é peculiar aos signos humanos; os que têm seu momento natal sob as estrelas de Gêmeos sempre poderão subjugar e magnetizar pela palavra, pela interpretação e pela mímica.

Júpiter em Gêmeos

Júpiter, o benévolo porém exigente senhor da Lei, da Ordem e da Hierarquia, encontra seu exílio em Gêmeos. A natureza vibrátil e por vezes inconseqüente deste signo não agrada ao deus dos deuses, que é magnânimo, porém condena o desperdício. Reprovando a forma intensa com que Gêmeos desgasta suas energias, Júpiter sente-se em desvantagem neste setor zodiacal, onde tudo é movimento e onde o poder intelectual, apesar de brilhante, perde muito de sua utilidade por carecer de profundidade e consistência.

Nos tipos negativos de Gêmeos, o exílio ou debilitação das irradiações jupiterianas determinam falta de afetividade, desrespeito à lei e à ordem e desprezo pelos semelhantes.

Síntese cósmica

Por sua polaridade positiva, por seu ritmo mutável e principalmente por sua natureza dual, Gêmeos é o signo que representa o homem situado entre o céu e a Terra, às vezes movido pela inspiração e outras vezes pela ambição. Pelo fato deste setor representar a agonia do dourado outono e de já receber, em seus últimos graus, o sopro desagradável do inverno, que fará com que a natureza adormeça sob a pressão construtora do frio, o geminiano não gosta de ficar imóvel, está sempre em busca de distrações, come, dorme, trabalha e vive ao sabor dos seus desejos, e quando se empenha em tarefas sérias e de responsabilidade o faz com a mesma intensidade com que mergulha em diversões, danças, festas e reuniões.

Gêmeos é o signo que representa o homem já de posse do divino dom da liberdade intelectual e do livre-arbítrio. Pendurado entre o céu e a Terra, a criatura humana se divide em dois tipos: Pólux, imortal, sensível, imprevidente, cheio do sublime desdém dos deuses por tudo aquilo que não lhe traz satisfação interior; Castor, material, mental, prático, que procura tudo o que proporciona satisfação mas, ao mesmo tempo, busca o lucro rápido, o ganho fácil e o sucesso.

Na triplicidade dos signos de ar, o homem, em Gêmeos, está dividido entre o desejo de elevar-se materialmente e realizar-se espiritualmente; em Libra ele pesa, nos dois pratos da Balança, o que é divino e o que é humano, aprendendo a entender e a julgar a si e aos outros; em Aquário ele se unifica, desprende-se das raízes materiais e se integra na harmonia cósmica universal.

O GEMINIANO

Como identificar um geminiano

Dedos, pernas e/ou braços longos
Tagarela
Gesticula muito
Símbolo: os gêmeos
Planeta regente: Mercúrio
Casa natural: terceira, relativa à comunicação
Elemento: ar
Qualidade: mutável
Regiões do corpo: pulmões, braços, mãos
Pedra preciosa: turmalina
Cores: todas as claras
Flor: lírio do campo
Frase-chave: eu penso
Palavra-chave: inteligência
Traços da personalidade: divertido, animado, curioso, inquieto, inteligente, versátil, paquerador, nervoso, superficial, desatento, comunicativo, amante da diversão, pensador rápido

Países: Bélgica, Egito

Coisas comuns regidas por Gêmeos: veículos, mercúrio, correio, borboleta, livro, bicicleta, vizinho, contrato, irmão, escrivaninha, elevador, macaco, papel, estrada, trem, escrever, andar, gêmeos

A insatisfação

O signo de Gêmeos tem uma irradiação inquieta e contagiante e os geminianos têm a faculdade de despertar, em muitos tipos astrológicos, a mesma insatisfação que sentem. Sua mobilidade mental e sua insaciável curiosidade perturbam os comodistas e conservadores que, sempre satisfeitos com seu pequeno mundo, irritam-se contra todos aqueles que lhes fazem as perguntas clássicas: — Por quê? ... Para quê? ... Para onde? ... — Essas três perguntas parecem ser a nota básica dos nativos de Gêmeos que procuram, através da pesquisa, de raciocínio e da comparação, descobrir a razão, a finalidade e a direção de sua existência e da existência de todas as outras criaturas.

É muito comum o geminiano sentir-se assaltado por dúvidas que não consegue definir ou justificar. Seu subconsciente vive mergulhado em constante expectativa, sempre alerta e vigilante, aguardando algo que não chega nunca, que não se consubstancia e que não passa de uma nebulosa e indefinida imagem. Os tipos positivos, mais cedo ou mais tarde, sempre conseguem agarrar, dominar e definir essa imagem, mas os tipos comuns, de vontade vacilante, dificilmente a alcançam; vêem, então, o tempo fugir rapidamente, sem que consigam objetivar seu nebuloso sonho, sentem-se frustrados e a insatisfação íntima cresce, tornando-os ainda mais inquietos e mutáveis ou fazendo-os mergulhar em crises depressivas cada vez mais freqüentes e prolongadas.

Essa luta interior, presente em quase todos os nativos de Gêmeos, é motivada pela misteriosa vibração cósmica deste signo, onde o homem sabe que tem uma tarefa a cumprir, mas não sabe ainda qual ela é e onde se sente como um predestinado, que tem uma importante missão a realizar antes de obter a imortalidade.

Os tipos negativos de Gêmeos sofrem menos essa batalha interna, porque são brutalizados e recebem apenas as vibrações inferiores e materiais do signo e do planeta regente. Os tipos superiores também não a sentem de modo tão intenso, porque têm consciência do seu valor, sabem o que podem realizar e esperam apenas a oportunidade favorável. Os que mais padecem são os geminianos de evolução média, que têm suas possibilidades mentais diminuídas por sua personalidade instável e sua vontade débil, o que não lhes permite cultivar suas qualidades e aperfeiçoar as armas para vencer a grande batalha.

O dom da palavra, escrita e falada

Vasto é o trabalho de Gêmeos desde que o homem iniciou sua marcha pelos caminhos do conhecimento e da cultura, que só podem ser percorridos através da recepção e da transmissão, escrita ou oral. Os homens primitivos inventaram a primeira forma de escrever, usando uma linguagem que foi denominada *pictografia* e que representava cenas de sua vida diária. Em seguida, a linguagem evoluiu de pictográfica para ideográfica, aperfeiçoou-se para silábicas e finalmente chegou a ser a escrita literal que temos hoje.

Todo esse longo e fascinante percurso foi feito através dos domínios de Gêmeos, que é o signo que governa a palavra. Naturalmente, a perfeição depende do grau de cultura, mas quase todos os geminianos, até mesmo os menos instruídos, têm grande facilidade para falar e escrever. Os tipos superiores discursam, conversam e redigem de modo elegante e fluente, suas idéias são perfeitamente encadeadas e suas imagens são saborosas e elegantes. Os geminianos inferiores destacam-se por sua cansativa tagarelice e entre eles estão os mestres dos discursos de última hora, feitos em aniversários, festinhas e até mesmo enterros.

Gêmeos quase sempre faz com que seus nativos tenham uma caligrafia bonita. Gêmeos, também, dá a seus nativos grande memória para sons. Os tipos mentais deste signo possuem grande inclinação para o estudo de línguas antigas, e é entre eles e os sagitarianos que, geralmente, encontramos os poliglotas. A clareza mental proporcionada por este signo é muito grande; unindo sua inteligência viva e ágil à habilidade no falar e no escrever, os geminianos, se quiserem desenvolver e aperfeiçoar suas qualidades, podem perceber, compreender, transmitir e ensinar com extraordinário êxito.

A instabilidade

Os que nascem sob as estrelas de Gêmeos têm uma natureza afável e sociável. Sua aura é atraente e magnética, sabem despertar simpatia, fazem amigos com facilidade e seu gênio é alegre e jovial. Seu humor, porém, é muito instável e passam da mais cálida afabilidade para a mais profunda cólera quando alguém os desagrada, ou saltam do mais alegre estado de espírito para a mais profunda irritação sem que para isso haja qualquer motivo. Por estranho que pareça, os acessos de mau humor provocados por um motivo razoável têm duração breve, mas as crises "sem motivo" perduram muito tempo.

Os geminianos estão sujeitos a inexplicáveis períodos de desânimo, depressão e melancolia. Naturalmente, os tipos positivos têm maior estabilidade psíquica, nervosa e emocional, mas mesmo assim também é raro atravessarem essas fases depressivas. Os tipos de vontade mais débil, durante estes períodos, tornam-se autodestrutivos, amargos e hostis, o que reflete desfavoravelmente em sua saúde, pois Gêmeos determina estrutura nervosa delicada.

Os geminianos são muito complexos e até mesmo os que convivem intimamente com eles nunca chegam a entendê-los. São idealistas, mas, ao mesmo tempo, utilitários, convertendo tudo em material que possa servir para seu uso próprio. São comunicativos, sentindo às vezes uma grande necessidade de falar, expandir-se, revelar seus projetos, fazer planos e discutir idéias, mas também sabem guardar, em cofre indevassável, os seus segredos íntimos e as coisas que julgam que os outros não devem saber ou que não serão bem interpretadas. Podem encaminhar-se num sentido místico, aprofundando-se em estudos e pesquisas, mas em seu íntimo permanecerão descrentes e insatisfeitos até o momento em que descobrem algo que lhes pareça lógico e racional, mesmo dentro do ilógico e do irracional. Gêmeos, portanto, proporciona uma personalidade difícil de ser entendida, o que explica por que a vida íntima dos geminianos muitas vezes não é tão feliz quanto poderia ser.

Este signo faz com que seus nativos sejam sentimentais apenas em teoria; na prática eles só são afetivos e carinhosos enquanto tudo é do seu agrado. Sabem perdoar os defeitos das outras pessoas, mas dificilmente convivem com aquelas que não possuem as qualidades que admiram. São amorosos e carinhosos, mas às vezes nos dão a impressão de que são frios e indiferentes porque tendem a intelectualizar seus sentimentos e emoções e a colocar muito de irreal ou ideal em suas afeições. Fazem uma imagem mental da pessoa amada e depois, quando enfrentam a realidade, sentem-se traídos e desiludidos. Para que o geminiano possa ter uma vida harmoniosa e feliz é necessário que aprenda a conhecer o valor de todas as coisas e criaturas e que domine sua instabilidade íntima, pois, senão, será sempre um solitário e um desajustado.

O psiquismo

Gêmeos proporciona intuição aguda e desenvolve bastante a percepção psíquica, ou interior. Feliz é o geminiano que aprende a se orientar também por seus sentidos extrafísicos, pois nenhum empreendimento se transformará em derrota ou nenhuma pesquisa deixará de atingir o alvo quando ele souber unir sua capacidade intelectual às respostas intuitivas que suas perguntas costumam obter.

Nem todos, porém, aprendem a atender aos avisos do seu "sexto sentido" e são assaltados por dúvidas e receios íntimos, sem saber se devem seguir aquilo que o raciocínio aponta como certo ou se devem ouvir sua intuição. Isto acontece porque o geminiano, a despeito do seu desenvolvido psiquismo, gosta das coisas lógicas e prefere sempre agir dentro da razão absoluta. Embora instintivamente procure o sobrenatural, não gosta do inexplicável e, apesar de altamente imaginativo, só admite aquilo que pode entender. Muitas vezes parece sentimentalmente indiferente ou materialista justamente porque tem a tendência de analisar e explicar mesmo suas próprias emoções e sensações.

Instigado por uma insaciável sede de descobrir a relação existente entre o humano e o divino, apesar de seu natural ceticismo, o psíquico nativo de Gêmeos está pronto para ser iluminado quando chega o momento oportuno, conforme aconteceu com o geminiano Sir Oliver Lodge, um dos mais típicos nativos de Gêmeos, que se destacou não só por sua inteligência como por seus brilhantes trabalhos que incluíam pesquisas sobre a luz, a velocidade do som, as ondas eletromagnéticas e a telegrafia sem fio; Sir Oliver Lodge, intelectual e descrente, tornou-se um dos mais fervorosos adeptos da doutrina espiritualista depois que seu filho Raymond, morto durante a guerra de 1918, materializou-se diante de seus olhos.

A mulher de Gêmeos

Tudo o que se pode dizer em relação ao signo de Gêmeos aplica-se tanto aos homens quanto às mulheres que nascem sob suas estrelas. As geminianas, por pertencerem a um signo simbolizado pela figura de dois jovens e cuja polaridade é masculina, são muito menos femininas do que muitas nativas dos vários setores zodiacais. Ressalta, ainda, o fato peculiar de que em Gêmeos nascem mais criaturas do chamado sexo forte do que do sexo que atualmente já deixou de ser chamado de frágil.

Ao dizer que a geminiana é menos feminina do que suas irmãs do zodíaco, não queremos dizer que ela possa ter uma personalidade agressiva ou masculinizada; queremos apenas esclarecer que ela não é muito vaidosa, não usa seu sexo como escudo ou arma e é, mentalmente, muito semelhante aos homens que nascem neste signo. Elegantes, alegres, despretensiosas e atraentes, elas agem e reagem como os geminianos. São, talvez, um pouco mais afetivas do que eles e possuem um psiquismo mais intenso, porque as induções naturais deste signo são aumentadas pela sensibilidade interior que geralmente as mulheres possuem.

Na ciência, na arte, na política, na literatura, no comércio, em todas as atividades, a geminiana pode se destacar tanto quanto os seus irmãos de Gêmeos. Quando empreendem qualquer tarefa podem vencer por sua inteligência, por sua arte no falar e escrever ou por sua capacidade criadora; inteligência e sensibilidade foram os dotes principais da geminiana Isadora Duncan, que com apenas algumas lições revolucionou a dança, libertando-a das regras ortodoxas e tomando como inspiração o movimento rítmico das ondas do mar e da natureza; a força intelectual, o dom da palavra, a observação e a análise foram as qualidades que fizeram com que a geminiana Harriet Elizabeth Beecher Stowe, depois de viver alguns anos às margens do rio Ohio, cujas águas a separavam de uma colônia de escravos, resolveu escrever o livro *A Cabana do Pai Tomás*, que teve um sucesso extraordinário e que foi o responsável intelectual pela Guerra da Secessão, que culminou com a libertação dos negros americanos.

O poder mental

Nas últimas divisões em que classifica seus nativos, Gêmeos proporciona duas manifestações dinâmicas a que correspondem duas formas de inteligência. A primeira é intensa e os geminianos que a possuem não sabem ficar sentados, mudam constantemente de lugar, de emprego ou atividade, dedicam-se a várias tarefas ao mesmo tempo e só sabem viver em perpétuo movimento. Essa manifestação dinâmica corresponde a uma inteligência brilhante e os indivíduos que a registram podem compreender e resolver qualquer problema, eles têm uma espantosa capacidade para memorizar, assimilar e aprender. A sua conversação é fluente e fascinante; são, porém, dispersivos, pouco profundos e extremamente versáteis, pois em razão da facilidade que têm para adquirir conhecimento, nunca se dedicam seriamente a nada.

O outro tipo geminiano é mais tranqüilo e a intensidade dinâmica é mais moderada. Os que o representam são capazes de maior concentração, dão maior atenção ao seu trabalho, nenhum detalhe lhes escapa e, embora a inteligência seja menos brilhante, ela é mais profunda. A personalidade impressiona menos, porém convence mais, e estes geminianos, embora obrigados a um esforço mental maior do que seus outros irmãos mais dinâmicos, atingem resultados infinitamente superiores.

Gêmeos também desenvolve o dom da observação e seus nativos têm a curiosidade que caracteriza as crianças e os sábios. Para eles tudo serve de estímulo às suas células mentais e tudo merece sua atenção e estudo, desde a caminhada aparentemente ilógica de uma formiga até o modo como seu melhor amigo segura o garfo para comer.

Temos, também, neste signo de mil personalidades diferentes, os geminianos que são o oposto dos seus irmãos intelectuais e estudiosos. Possuindo uma mente negativa, seja por não a terem desenvolvido, ou em virtude da colocação dos planetas em seu céu astrológico natal, eles são lentos no pensar e no entender, são incapazes de aprender, assimilar ou criar e detestam qualquer atividade mental... detestam de igual modo qualquer esforço físico. São, todavia, dotados da mesma personalidade inquieta dos demais geminianos, sua instabilidade íntima é idêntica à que se manifesta em quase todos os nativos deste signo e são espasmódicos em seus movimentos e inconseqüentes em suas ações.

Os tipos inferiores de Gêmeos, os que recebem apenas suas vibrações negativas, estão espalhados entre os impostores, os batedores de carteira, os ladrões, os falsificadores de papéis e documentos e os malandros donos de uma "boa conversa". Os seus tipos evoluídos são as altas mentalidades, as grandes figuras da ciência, da política, da arte ou da literatura, como os geminianos Al Johnson, o cantor que arrebatou multidões e que mais falava e interpretava do que cantava, Sir Arthur Conan Doyle, criador do imortal Sherlock Holmes, Cole Porter, o compositor responsável por músicas de sucesso no mundo inteiro, Gauguin, o pintor genial e louco, e John Fitzgerald Kennedy, presidente dos Estados Unidos, cuja morte se assemelhou à de um filho de outro signo aéreo, o aquariano Abraham Lincoln.

O tempo, o amor e a solidão

Os nativos de Gêmeos dificilmente se submetem ao domínio do relógio. São muito independentes, mas é mais fácil aceitarem as ordens de outras pessoas do que admitirem os limites do tempo. Geralmente comem depressa e não perdem muito tempo à mesa, a não ser que o jantar seja acompanhado por alguma palestra agradável. Para quase todos eles a noite é a melhor hora para viver e dificilmente habituam-se a dormir cedo. Recusam-se a envelhecer e devido ao desejo que sentem de que as coisas boas durem eternamente, são sempre mortificados pela sensação de que o tempo passa depressa demais.

O amor, o carinho e o afeto são coisas indispensáveis ao geminiano. Ele gosta de ser bem recebido e gosta de saber-se querido. Muitas vezes, porém, alguns nativos deste signo são incapazes de retribuir o carinho que recebem, pois, como as crianças, julgam que todos devem dar e que eles não têm o dever de retribuir.

O nativo de Gêmeos não sabe ficar só; precisa ter sempre uma companhia. Até mesmo quando sofre uma crise depressiva o geminiano foge da solidão, procura um parente ou um companheiro ou então mergulha na multidão das ruas movimentadas, em busca de um sorriso ou de um pouco de distração. A figura simbólica dos Gêmeos de mãos dadas define bem o nativo deste signo, que precisa agarrar-se à mão de alguém para sentir-se feliz.

Síntese

Gêmeos, simbolizado por dois jovens, parece representar a criatura humana dividida entre o céu e a Terra, o material e o espiritual, o existente e o irreal, como se ela vivesse suspensa entre o mundo da forma e o mundo sem forma.

Na ânsia de alcançar sua imortalidade, o homem mortal de Gêmeos procura aprender para poder transmitir e procura definir para entender melhor. Os geminianos devem compenetrar-se da imensa importância de seu signo e aproveitar bem suas poderosas induções. Os que ainda não cultivaram as qualidades próprias dos Gêmeos devem procurá-las, desenterrá-las e elas virão à tona com todo o seu imenso valor. Para vencer em seus esforços, os nativos de Gêmeos devem lembrar-se que sua palavra-chave é INTELIGÊNCIA.

O DESTINO

Antes mesmo do seu nascimento o homem já começa a se integrar no concerto cósmico universal. Seus primeiros sete meses, três na condição embrionária e quatro na condição fetal, são as sete etapas formadoras, no fim das quais está apto para nascer e sobreviver. Os dois últimos meses são dispensáveis, mas a Natureza, mãe amorosa e cautelosa, os exige e só os dispensa em casos extremos, pois a criaturinha que vai nascer necessita fortalecer-se e preparar-se para a grande luta que se iniciará no momento em que ela aspirar o primeiro hausto de ar vivificante.

Durante os nove meses de permanência no útero materno, de nove a dez signos evoluem no zodíaco celeste. De modo indireto suas induções são registradas pelo sensível receptor que é o indivíduo que repousa, submerso, na água cálida do ventre materno. É por essa razão que observamos, em tantas pessoas, detalhes de comportamento que não correspondem às determinações do seu signo natal; isto indica que elas possuem uma mente flexível e sensível e que estão aptas para se dedicarem a múltiplas atividades.

Ao nascer, a criatura recebe a marca das estrelas que dominarão o seu céu astrológico e que determinarão seu caráter, seu temperamento e seu tipo físico, além de dar-lhe um roteiro básico de vida. As vibrações percebidas durante a permanência no útero, por uma sutil química cósmica, são filtradas e quase totalmente adaptadas às irradiações das estrelas dominantes. As influências familiares e a posição social ou financeira dos progenitores nunca modificarão o indivíduo; apenas poderão facilitar ou restringir os meios que ele terá para objetivar sua personalidade e realizar, de modo positivo ou negativo, as induções do seu signo natal.

Alguém que, portanto, nascido entre 21 de maio e 20 de junho, provenha de família de rígidos princípios ou de moral relaxada, venha à luz numa suntuosa maternidade ou no canto de um casebre humilde, seja criado com carinho ou seja desprezado pelos seus, será sempre um geminiano e terá o destino que Gêmeos promete a seus nativos. Este destino será brilhante ou apagado, benéfico ou maléfico, de acordo com a qualidade e o grau de evolução de cada um.

Evolução material

Com algumas exceções, naturalmente, os passos dos geminianos são sempre ligeiros; a grama nunca cresce sob seus pés e tudo o que fazem tem sempre uma aparência de temporário e transitório. Sua existência inteira será sempre conduzida desse modo e dificilmente obterão estabilidade material e espiritual; como conseqüência, serão também instáveis suas finanças, sua vida doméstica, suas amizades, sua vida profissional e seus empreendimentos.

O nativo de Gêmeos cresce fisicamente, desenvolve-se mentalmente, mas nunca perde a sua qualidade infantil, e essa particularidade se deve à essência deste signo cuja imagem simbólica mostra dois gêmeos bem jovens. O geminiano nunca amadurece totalmente, permanece criança sob vários aspectos, seja na necessidade de ter sempre companhia, seja no encanto e colorido que encontra em todas as coisas, no modo como se magoa quando é contrariado ou na sua tendência, que também é própria das crianças, de fazer mentalmente uma imagem ideal de todas as coisas. Por isso, embora possa tornar-se um próspero homem de negócios ou um cientista assoberbado por mil problemas complexos, será sempre capaz de abandonar seu trabalho para dar um agradável passeio, resolver um problema de palavras cruzadas, fazer uma farra com amigos ou sentar-se no chão e divertir-se com brinquedos.

Seja por nascerem em ambiente doméstico conturbado, por separação, incapacidade ou enfermidade de um dos pais ou ainda por sua natureza independente e vibrante, os que nascem sob os influxos de Gêmeos geralmente costumam lutar por si mesmos desde muito cedo; eles constroem seus próprios caminhos, procuram a liberdade e vivem de acordo com seus próprios desejos. Muitos geminianos, impelidos por sua inquietude e independência, costumam deixar o lar paterno antes de completar a maioridade; para eles, o importante é ser livres, conhecer o mundo e saborear todas as sensações e emoções.

Por suas qualidades os geminianos poderão ter um futuro brilhante; por suas debilidades poderão lutar até o fim dos seus dias sem conseguir realizar coisa alguma ou definir seus ideais. As oportunidades nunca faltarão e sua fortuna dependerá de sua própria vontade, pois a sorte, para eles, é bondosa fada madrinha, que exige apenas um pouco de amor e esforço para que os mais ousados objetivos sejam atingidos e dominados.

Família

Os nativos de Gêmeos, com raras exceções, lutam sozinhos. A família tem uma importância psicológica muito grande na formação de sua personalidade, mas dificilmente influi em suas realizações materiais. Há possibilidades de que a vida no lar paterno não seja muito feliz, podendo ser perturbada por brigas, doenças ou acontecimentos misteriosos. Um dos genitores poderá ter inclinação para a bebida ou terá uma moral pouco recomendável; noutros casos a desarmonia será espiritual ou mental e o geminiano, com sua personalidade inquieta e independente, não será entendido por seus pais.

A família dos nativos de Gêmeos quase sempre é grande; também com freqüência seus membros vivem separados, isto é, alguns deles podem residir em lugares distantes e mesmo em países estrangeiros. Não há possibilidade de grande harmonia entre os geminianos e seus parentes, e quando os nativos de Gêmeos se julgam obrigados a auxiliar ou respeitar alguém, esse dever se estende somente até seus pais e irmãos. Intrigas entre parentes, certos segredos de família ou questões relativas a documentos, propriedades ou heranças poderão afastar os geminianos dos demais membros da família.

Os irmãos dos que nascem neste signo são agradáveis e sensíveis e muitas vezes o geminiano convive melhor com eles do que com seus pais. A dualidade desse signo às vezes se reflete nos irmãos dos seus nativos; uns poderão ser bons, amáveis e corretos, havendo, para um deles, promessa de fortuna e prestígio por atividade artística, intelectual ou científica; outros poderão ser pouco sinceros, pouco amantes do trabalho, extravagantes em questões de dinheiro e trarão alguns aborrecimentos.

Amor

A instabilidade emocional e a tendência de criar, mentalmente, um ideal que depois não corresponde à verdade são as causas principais dos aborrecimentos que os nativos de Gêmeos costumam encontrar no casamento.

Para os tipos positivos e evoluídos, de emoções mais controladas e personalidade mais firme, o matrimônio poderá ser muito feliz. Mas Gêmeos sempre oferece a possibilidade de dois casamentos, sendo o primeiro desfeito por separação. Há, ainda, indícios de duas uniões simultâneas, uma legal e outra ilegal; a primeira será motivada por interesse ou convivência enquanto a segunda existirá por afinidade artística ou mental. Na maioria dos casos, mesmo quando o geminiano reprime seu temperamento volúvel e inquieto, a vida doméstica dos nativos de Gêmeos sempre promete várias perturbações.

Levados por seu sentimentalismo, mais teórico do que real, os nativos de Gêmeos freqüentemente procuram afeições fora do lar, mais por curiosidade do que por interesse sexual; estas ligações amorosas poderão causar aborrecimentos e prejuízos, não só morais como financeiros.

O geminiano só não consegue morrer duas vezes; o resto, geralmente, sempre faz em dobro. Mesmo nos casamentos felizes é preciso ter cuidado, a fim de que seu temperamento inquieto não destrua sua felicidade, pois ela pode ser ameaçada por sua instabilidade íntima e pelo pouco cuidado na escolha dos amigos que influirão na sua vida doméstica.

Filhos

Gêmeos é um signo estéril e seus nativos nunca têm muitos filhos, dependendo o número deles da colocação dos planetas em signos fecundos no momento do seu nascimento e da maior ou menor fertilidade do cônjuge.

O geminiano quase sempre tem justo motivo para se orgulhar de seus filhos, pois Gêmeos, quando os proporciona, torna-os generosos, inteligentes, alegres, amáveis e amorosos. Tanto os filhos como as filhas dos nativos deste signo poderão distinguir-se por sua simpatia ou beleza e demonstrarão grande inclinação para os estudos e para as artes; um deles, seja por sua capacidade intelectual ou por sua sensibilidade artística, terá excepcionais oportunidades que lhe trarão prestígio e fortuna.

Estas crianças, em seus primeiros anos de vida, poderão ter a saúde um pouco débil; sendo muito emotivas, sofrerão os reflexos da desarmonia ou da instabilidade do lar e o geminiano deverá oferecer-lhes um ambiente agradável, seguro e calmo, para que cresçam fortes e felizes. Um dos filhos, na infância ou nos primeiros anos da juventude, estará sujeito a crises nervosas ou manifestará excessiva sensibilidade, que se acalmará com o tempo.

Posição social

A posição social dos geminianos está sempre sujeita a oscilações em conseqüência de problemas políticos, religiosos ou financeiros. A própria personalidade inquieta de muitos destes nativos poderá dar motivo a certa instabilidade social e também poderão ocorrer ataques rumorosos à sua moral ou à sua vida íntima, devendo os nativos de Gêmeos ser sempre muito prudentes em seus atos porque estes se refletirão em suas finanças e em seu prestígio pessoal.

Com facilidade os geminianos podem obter fama e lucro em seus empreendimentos; com a mesma facilidade podem perder tanto o dinheiro como o bom nome. Devem ter cautela com o que falam ou o que escrevem porque as publicações, artigos em jornais ou livros por eles escritos poderão alcançar grande êxito em pouco tempo, mas também poderão fazer com que os nativos de Gêmeos sejam, muitas vezes, perseguidos e atacados e até sujeitos ao exílio ou à prisão.

Com sua inabalável autoconfiança e com seu sempre renovado entusiasmo, os geminianos positivos nunca se deixarão abater pelo fracasso; lançar-se-ão à luta novamente, buscando ganhar o prestígio perdido e sempre terão êxito. Na verdade, Gêmeos promete muitos sucessos e insucessos para seus nativos, mas eles sempre acabarão superando as dificuldades e recuperando tudo o que porventura perderem.

A incerteza é sempre própria do geminiano que não sabe aproveitar, positivamente, as extraordinárias induções de seu signo. Oscilando sempre entre o desejo de conquistar e o temor do fracasso, ou borboleteando de uma ocupação a outra, sem conseguir dar forma e consistência aos seus ideais, acabarão gastando suas energias sem realizar nada de objetivo.

Finanças

Também no setor relativo às finanças, aos lucros e à compensação pelos trabalhos realizados, verifica-se muita instabilidade na fortuna dos geminianos. Suas finanças serão oscilantes, prometendo alternativas favoráveis e desfavoráveis; os geminianos ora poderão viver mergulhados em agradável prosperidade, ora poderão ser perturbados por dívidas ou compromissos pesados.

Nos tempos maus os geminianos deverão fazer o máximo de esforço para não perderem ou venderem casas ou propriedades, que eventualmente possuam, porque dificilmente poderão reconquistá-las. Aliás, o signo de Gêmeos promete sorte com bens imóveis e seus nativos devem, sempre que possível, adquirir casas ou terras, especialmente no campo. Devem, porém, ter cautela com os papéis e escrituras relativos às mesmas, pois sérios prejuízos poderão acontecer se os documentos não forem suficientemente investigados.

Apesar de Mercúrio, o regente deste signo, ser o hábil procurador, embaixador e advogado dos deuses, é justamente nos assuntos referentes às questões legais ou às transações financeiras que os geminianos devem ter mais prudência. A ligação com elementos inferiores também poderá trazer prejuízos em dinheiro. Os que nascem neste signo, muitas vezes terão que pagar por erros alheios, de amigos ou parentes, ou se associarão a pessoas pouco recomendáveis, que desaparecerão, deixando pesadas dívidas por saldar.

Para evitar esses aborrecimentos e ter uma fortuna estável e próspera, o geminiano deverá tomar três providências. Primeira: cuidar pessoalmente de seus negócios e jamais deixá-los em mãos alheias. Segunda: fixar-se numa única atividade e colocar nela toda a sua energia e toda a sua potência mental. Terceira: evitar a convivência ou a associação com elementos negativos e, sobretudo, nunca confiar demasiadamente nos outros.

Como Gêmeos é um signo demasiadamente inquieto, os seus nativos, quase sempre, estão intimamente insatisfeitos e o trabalho que empreendem no momento nunca é aquela obra ideal que gostariam de realizar; por isso, freqüentemente mergulham em crises depressivas e se sentem frustrados e infelizes. Isto não se justifica, pois os geminianos são tipos astrológicos altamente dotados e poderão realizar suas aspirações com relativa facilidade. Não devemos esquecer que qualquer indivíduo sempre tem a oportunidade de fazer tudo aquilo que deseja, desde que saiba aproveitar suas boas qualidades e agarrar as boas oportunidades que aparecem e desde que saiba, também, qual é o caminho que deseja realmente seguir.

Os Gêmeos prometem muita sorte com jogos de azar, principalmente roleta e cartas. As corridas de cavalos, de cães, brigas de galo etc., darão, porém, mais prejuízo que lucro. O jogo, todavia, não é muito aconselhável, pois os geminianos, quando o dinheiro vem fácil, costumam gastá-lo com mais facilidade ainda, e somente o trabalho continuado e o esforço concentrado em um só objetivo serão os fatores responsáveis por uma fortuna sólida e próspera.

Saúde

Os geminianos, embora não sejam muito sujeitos a febres, congestões, inflamações, infecções ou males desse gênero, poderão ter uma saúde delicada, não por debilidade orgânica, mas por demasiada sensibilidade nervosa. Na maior parte das vezes as enfermidades poderão manifestar-se mais devido a aborrecimentos ou preocupações do que por disfunção de algum órgão. Em síntese, seus males serão mais nervosos do que físicos e sua origem será mais mental do que real.

Certas estrelas, colocadas em ângulos desfavoráveis, combinadas com planetas de aspectos negativos, no céu astrológico natal, poderão fazer com que o geminiano corra grave risco e até perigo de vida por ingestão de tóxicos, calmantes, soporíferos, etc. Isso não ocorre com freqüência, mas como Gêmeos sempre dá a seus nativos um delicado sistema nervoso, esses remédios devem ser utilizados com extremo cuidado e sempre sob rigorosa orientação médica.

Gêmeos e seu regente, Mercúrio, dominam sobre vários pontos importantes do corpo humano; a parte superior dos pulmões, os brônquios, a traquéia, os vasos capilares, as cordas vocais, especialmente, a língua, o olfato e as mãos. Sob a influência de ambos temos, ainda, o sistema nervoso e a respiração. Os geminianos poderão sofrer transtornos nervosos de toda espécie, desde a neurastenia até a amnésia; também por excessivo nervosismo, podem padecer de asma, bronquite ou úlceras, principalmente no estômago. A tuberculose pode atacá-los assim como várias moléstias dos pulmões e do aparelho respiratório.

Por sua intensidade emocional, os nativos de Gêmeos costumam sentir fisicamente todos os seus problemas; a saúde vai bem se sua vida doméstica é harmoniosa e suas finanças são prósperas; mas, se passam por um período negativo, onde os negócios decrescem, ou acontecem brigas no lar, sua saúde se ressente. Gêmeos, como todos os signos, promete uma longa vida, desde que o nativo saiba como viver. Se os geminianos se deixarem levar demasiadamente por suas emoções, ou se viverem de modo tumultuado e irregular poderão encurtar sua vida ou condenar-se a uma velhice cheia de doenças, em sua maioria de origem nervosa.

Passeios ao ar livre, muita calma, boa música, boas companhias, amigos bem escolhidos, diversões que tranqüilizem a mente e deixem o corpo cansado, pronto para um bom sono e horários regulares para comer, dormir e trabalhar, são os únicos requisitos para que o geminiano tenha uma vida longa e para que esteja sempre de posse de todas as suas energias.

Amigos

Os geminianos sempre procurarão entre os amigos a companhia que tanta falta lhes faz, principalmente quando não se sentirem muito felizes no ambiente doméstico, em sua vida matrimonial ou no lar paterno. Os geminianos mais positivos, embora também apreciem os bons companheiros, necessitarão deles menos que os geminianos de personalidade indecisa, que ainda não se entrosaram consigo mesmos.

Este signo promete amigos inteligentes, úteis, sinceros e agradáveis e junto deles o geminiano encontrará mais alegria do que na companhia de outras pessoas com as quais for forçado a conviver por interesses comerciais ou porque esteja ligado por laços de sangue.

Por sua natureza simpática e comunicativa, os nativos Gêmeos terão extrema facilidade para estabelecer contato com as mais variadas pessoas. A despeito de seus períodos de silêncio e introversão, sua personalidade atraente e agradável facilita a camaradagem e a aproximação. Entre os amigos poderão contar com elementos de alta patente ou posição, como militares, políticos ou financistas, que muito os ajudarão nas horas de necessidade. É preciso, porém, evitar as amizades com tipos negativos, pois estes, embora possam trazer algumas horas de distração, também poderão trazer sérios aborrecimentos.

Inimigos

Este signo promete inimigos tenazes, rancorosos e vingativos. Não serão em grande número, na verdade, mas os poucos que existirem serão suficientes para provocar muitas preocupações e trazer muito prejuízo.

Os geminianos que levam uma vida calma e modesta dificilmente serão atacados, mas aqueles que se destacam por uma razão ou outra, ou que adquirem fama e popularidade serão os mais visados. Alguns inimigos gratuitos poderão surgir e, sem nenhuma razão pessoal, atacarão e deturparão as opiniões políticas, religiosas ou filosóficas dos geminianos e procurarão levá-los ao descrédito público.

Também os empregados, subalternos e dependentes não serão muito sinceros e os geminianos poderão sofrer traições por parte deles. Os nativos de Gêmeos não costumam dar muita importância aos seus adversários, mas esta sempre será uma política errada, pois eles, apesar de existirem em número diminuto, poderão causar aborrecimentos profundos e sempre, em todos os casos, a vida íntima, a moral e a honestidade dos geminianos serão os pontos mais visados em seus ataques.

Viagens

Apesar da mobilidade natural dos geminianos, do temperamento inquieto que parece ter e de seu desejo de novidades e movimentos, o signo de Gêmeos não promete muitos deslocamentos e dificilmente proporciona viagens longas a seus nativos, a não ser que elas tenham um exclusivo propósito comercial.

Mudanças para outros Estados ou países afastados do lugar de nascimento poderão acontecer, mas elas, assim como as viagens, serão sempre motivadas por interesses profissionais.

As mudanças de residência poderão ocorrer em maior número; não obstante, por comodismo ou necessidade, os geminianos poderão viver durante longos anos no mesmo lugar, embora não apreciem a casa, o bairro ou os vizinhos.

Quem nasce sob as estrelas de Gêmeos sempre gosta de ver vitrines de agências de turismo e apreciar coloridos roteiros de sugestivas excursões ao redor do mundo. A mobilidade dos geminianos, porém, parece ser apenas mental, emocional e profissional, só se relacionando com viagens quando estas se prendem ao trabalho.

Profissões

Pela vibração de Mercúrio e pelas qualidades próprias de Gêmeos, tudo quanto possa transmitir idéias, sensações e emoções está ligado aos geminianos. Eles sabem como ninguém lidar com os sons, as palavras, os gestos e os números. São eloqüentes, possuem extrema facilidade para interpretar, tanto pela palavra como pela mímica, e suas mãos, quase sempre, são muito belas, longas, bem feitas e expressivas. Esses atributos, unidos à inteligência brilhante e ágil, poderão fazer deles tanto os advogados famosos como os oradores de sucesso ou os atores de comédias e tragédias do cinema, teatro e televisão.

A capacidade imaginativa, a linguagem clara e as imagens belas, e ao mesmo tempo do gosto popular, são qualidades que poderão torná-los escritores ou jornalistas de fama. Como sua capacidade intelectual é das mais poderosas e sua mente é flexível e aguda, entre eles podemos encontrar cientistas, engenheiros, desenhistas, técnicos industriais, poliglotas, professores, tradutores, especialistas em estatísticas, pintores, musicistas, médicos ou diplomatas.

Também nas atividades mais populares encontramos inúmeras profissões dominadas por Gêmeos. Com êxito os geminianos poderão trabalhar como datilógrafos, estenógrafos, contadores, viajantes, comerciantes, arquivistas e poderão empregar-se em tribunais, repartições públicas, casas legislativas, agências de publicidade e escritórios comerciais. Em contato mais direto ainda com o público, poderemos vê-los em lojas, papelarias, livrarias, bancos e agências bancárias. Quase sempre estarão nos circos, tanto como proprietários dos mesmos como transformados em malabaristas, equilibristas, trapezistas, mágicos e ilusionistas que, enquanto prendem a atenção do público com sua palavra fluente, fazem passes rápidos com suas mãos extremamente ágeis.

Ninguém é mais ocioso do que o geminiano quando resolve descansar, mas também ninguém é mais ativo do que ele quando se lança em algum trabalho que lhe agrada particularmente; às vezes, acaba até tendo sua saúde afetada, devido ao ardor que põe em suas atividades, negligenciando o repouso e comendo em horários irregulares. Todas as atividades costumam atrair os filhos de Gêmeos, mas as que dependem de agilidade mental ou habilidade manual são as preferidas. Certos geminianos, devido à sua capacidade para memorizar, são assistentes imensamente úteis, porque não dependem do caderninho para lembrar datas, telefones, nomes ou compromissos. Costumam destacar-se nas tarefas que exigem malícia no falar e freqüentemente os encontramos nos consulados, embaixadas e palácios do governo, resolvendo delicados problemas que não podem ser escritos e que devem ser solucionados verbalmente.

As profissões dos tipos inferiores de Gêmeos também sempre dependem de sagacidade e habilidade; entre estes geminianos estão os comerciantes desonestos, os malandros, os receptadores de contrabando, os impostores, os demagogos que agitam as massas mediante pagamento e os ladrões; essa última profissão, desde o roubo premeditado até a cleptomania, está inteiramente sob o domínio de Gêmeos e de seu regente, Mercúrio.

Síntese

Gêmeos é o signo dos eternos pesquisadores, dos incansáveis investigadores que procuram, por meio do intelecto, descobrir a razão certa e a utilidade exata de cada coisa. É aos Gêmeos que o homem deve o precioso dom de inventar e também utilizar suas invenções para facilitar suas tarefas. Desde a invenção do machado de sílex até a mais moderna escavadeira, desde a primeira roda até o último tipo de cápsula espacial onde viaja um astronauta, em todas essas realizações, direta ou indiretamente, existe sempre o brilhante influxo da inteligência geminiana.

Os nativos de Gêmeos possuem a arma mais poderosa que pode ser concedida ao homem, que é o poder mental. Utilizando-o, tanto poderão realizar-se no plano material, como comerciantes prósperos, no plano intelectual tornando-se cientistas, filósofos ou escritores, ou no plano espiritual, através da pesquisa que orienta o homem superior na busca das razões por que aqui estamos. Simbolizado por suas duas figuras, a material e a divina, Gêmeos demonstra bem sua importância cósmica, pois é o setor zodiacal que oferece ao homem a elevação através do poder mental.

A CRIANÇA DE GÊMEOS

A criança de Gêmeos nasce já proprietária de poderosas armas que lhe facultarão alcançar as mais elevadas posições ou a maior fama. Não será exagerado dizer que caberá sempre aos pais dos geminianos a principal responsabilidade por suas derrotas e os maiores elogios por suas vitórias. Em sua idade adulta, a criança deste signo sempre será o reflexo da educação recebida. Naturalmente, sempre existem crianças que têm um desenvolvimento cerebral deficiente ou que já nascem com alguma anomalia que as conduz ao vício, como o geminiano de triste renome, o célebre Marquês de Sade que, mesmo negativamente, mostrou ser um nativo de Gêmeos, pois uniu a inteligência à crueldade e à perversão. Como o problema sexual raramente perturba os geminianos, quase nunca se verificam os casos de perversão, havendo maior tendência para o desinteresse do que para a sensualidade desenfreada.

Os geminianos têm excessiva sensibilidade. A infância é um período de grande importância para eles e por mais longa que seja a sua vida jamais esquecem os lugares onde viveram, as pessoas que conheceram e os brinquedos que tiveram. Quando seus primeiros anos de vida são sombreados pela tristeza ou despidos de afeição, ao alcançar uma idade mais adulta costumam procurar desesperadamente a companhia humana e levam uma vida mais alegre e agitada do que seria desejável, como se procurassem ressarcir-se dos prejuízos anteriores.

Devem, pois, ser tratados com todo carinho para que possam crescer emocionalmente equilibrados. Devem viver num ambiente calmo e pacífico para que sua delicada sensibilidade não receba marcas que somente mais tarde se manifestarão. Como são insaciáveis perguntadores e têm uma irrefreável curiosidade, devem ser tratados com toda a atenção; cada pergunta respondida corresponderá, mais tarde, a uma dúvida a menos, o que virá a lhes proporcionar uma personalidade estável e tranqüila. São corajosos, mas sua pequenina mente já é rica de imagens e sensações e por isso temem a solidão, o escuro e o silêncio; se não forem bem orientados, esses temores criarão fundas raízes e farão com que eles, mais tarde, procurem, indiscriminadamente, boas e más companhias e boas e más diversões, apenas para fugir à desagradável sensação de ser só e abandonado.

Um pequenino geminiano nunca é mais nem menos travesso do que qualquer criança normal; ele é apenas mais intenso e curioso do que se espera para a sua idade. Suas aventuras e traquinagens devem ser entendidas antes de receberem qualquer punição, pois às vezes elas representam algo de imensa importância para sua imaginação infantil; o castigo nesse caso será um choque cujas marcas, mais tarde, aparecerão em sua personalidade, deixando-o incapacitado para tomar qualquer resolução mais ousada por não saber se ela poderá resultar em outra punição, social, moral ou financeira. O trabalho de orientar e educar uma criança de Gêmeos nunca será muito pesado, pois ela aprende a raciocinar e a distinguir o certo do errado muito cedo.

Como já foi suficientemente apontado, a inteligência é o dote mais valioso dos que nascem em Gêmeos. A criança deste signo deve, a todo custo, receber a melhor educação possível, pois todos os sacrifícios que forem feitos nesse sentido serão compensados de modo infinito. Se seu pequenino cérebro não for bem orientado, e posto em atividade desde cedo, poderá abater-se sobre ele o pesado manto da inércia e esse geminiano então será como alguém que foi condenado à cegueira por terem aferrolhado seus olhos sadios e perfeitos.

Gêmeos e Mercúrio dominam sobre a respiração, os brônquios, os pulmões e as vias respiratórias. As crianças deste signo devem ter uma vida saudável e esportiva, com bastante ar puro, para não sofrerem resfriados crônicos, asma ou bronquite. Também o sistema nervoso está sob a regência de Mercúrio e Gêmeos e os pequeninos geminianos devem crescer num ambiente de paz para não sentirem perturbações de ordem nervosa.

O TRIÂNGULO DE AR

O elemento ar manifesta-se em três signos: GÊMEOS — LIBRA — AQUÁRIO. Sua polaridade é masculina, sua vibração é expansiva, penetrante, transformadora e magnética. Sua essência, naturalmente, é única, mas em cada um desses três signos ela sofre modificações, de acordo com as seguintes influências:

- situação zodiacal do signo, como Casa *angular*, *sucedente* ou *cadente*, na qual se manifestará como o agente que impulsiona, que realiza ou que aplica;
- sua correspondência com as leis cósmicas de equilíbrio, em conformidade com as três modalidades de ritmo: *impulso, estabilidade* e *mutabilidade*.

De acordo com a vibração própria de cada signo é fácil saber se o nativo irá viver e agir norteado por suas sensações ou por seu raciocínio. Isto nos é revelado pela palavra-chave de cada signo. Na triplicidade do ar, as palavras-chaves são as seguintes: Gêmeos: INTELIGÊNCIA — Libra: HUMANIDADE — Aquário: UNIVERSALIDADE. Unindo-se essas palavras às determinações proporcionadas pela colocação do signo dentro do zodíaco e por sua modalidade rítmica podemos, então, definir, de modo mais completo, o triângulo de ar.

Gêmeos	Aplicação / Razão / Mutabilidade	Inteligência
Libra	Ação / Sensação / Impulso	Humanidade
Aquário	Realização / Emoção / Estabilidade	Universalidade

O ar, como elemento comum a esses três signos, liga-os intimamente e o geminiano, além da influência de Gêmeos e de seu regente, Mercúrio, recebe também as vibrações de Libra e Aquário e de seus respectivos senhores, Vênus e Urano. Os nativos de Gêmeos recebem então as irradiações destes signos e planetas de acordo com a data de seu nascimento. Mercúrio domina sobre todo o signo de Gêmeos, mas tem força especial durante os primeiros dez dias correspondentes a Gêmeos; Vênus tem influência participante nos dez dias seguintes e Urano colabora na regência dos dez dias finais. Dessa forma os geminianos se dividem em três tipos distintos, que são os seguintes:

Tipo GEMINIANO–MERCURIANO
nascido entre 21 e 29 de maio

Tipo GEMINIANO–VENUSIANO
nascido entre 30 de maio e 8 de junho

Tipo GEMINIANO–URANIANO
nascido entre 9 e 20 de junho

Em todos os dias que integram o período que vai de 21 de maio a 20 de junho, a influência do elemento ar é extremamente poderosa. Durante esse período, Gêmeos é a constelação que se levanta com o Sol, ao amanhecer; oito horas mais tarde, Libra surge no horizonte, e decorrido igual espaço de tempo chega a vez de Aquário. Dividindo-se, então, o dia em três períodos iguais, vemos que os três tipos geminianos se transformam em nove, mediante a combinação da hora e da data do nascimento. Estudando esses nove tipos, ou nove faces de Gêmeos, poderemos interpretar, com mais acerto, a personalidade mental e vibrátil dos geminianos.

AS NOVE FACES DE GÊMEOS

Tipo Geminiano–Mercuriano

Data de nascimento: entre 21 e 29 de maio

Qualidades: versatilidade, ecletismo, inteligência
Vícios: instabilidade, inconstância, desonestidade

Hora natal: entre 6h e 13h59m

Os que nascem nesta data e neste período são os tipos mais representativos. Eles têm inteligência brilhante, são inquietos, versáteis, curiosos e entusiastas. Suas qualidades são imensas, mas seu maior defeito é a inconstância; são, também, muito superficiais e raramente se aprofundam em qualquer assunto. Têm uma mentalidade científica, submetem tudo ao raciocínio e à análise e às vezes são bastante indiferentes sentimentalmente. Vivem mudando de atividades, renovando idéias e arranjando novos amigos e só se estabilizam um pouco depois da idade madura.

É neste momento cósmico que se revela mais forte a maravilhosa vibração de Gêmeos, mas aqui, também, os defeitos se manifestam de modo mais intenso. Os tipos positivos sempre se realizam; os médios gastam a vida num inútil pula-pula; os inferiores são utilitários, cínicos, maliciosos e desonestos.

Hora natal: entre 14h e 21h59m

Os geminianos que nascem nesse período são menos inquietos do que os do período anterior. Essa irradiação pode determinar tendências artísticas muito pronunciadas, e esses nativos não só possuem o dom de falar e escrever, como também de interpretar; o dom da voz poderá também ser levado ao campo da arte e transformar seus nativos em cantores de grande popularidade. A falta de afeto, peculiar a muitos dos nativos de Gêmeos, desaparece e estes geminianos são mais carinhosos e mais apegados à família. Existe menor instabilidade emocional e a personalidade é mais calma e menos sujeita a crises de exaltação ou depressão.

Os defeitos principais continuam sendo a inquietação, a superficialidade e tendência a mudar de atividades e idéias. Os tipos inferiores podem combinar o materialismo à desonestidade e à crítica maliciosa e destrutiva.

Hora natal: entre 22h e 5h59m

O tipo geminiano–mercuriano, que é móvel, dispersivo e volúvel, ao receber esta influência torna-se menos ativo e inquieto, mas ganha em qualidade, é mais profundo e concentrado, mental e emocionalmente. Acentua-se a capacidade para analisar, classificar e ordenar. O trabalho mental é menos brilhante, porém mais produtivo. Aqui podem nascer os cientistas de fama, os grandes homens de negócios e os escritores de sucesso, principalmente os biógrafos e historiadores.

Este geminiano é mais subjetivo, perde um pouco do seu dom para interpretar por gestos, sua fala é menos eloqüente, mas aumenta sua capacidade de escrever, analisar e raciocinar. Estes tipos astrológicos são menos impressionantes do que os anteriores; dotados de um temperamento mais rebelde e original, convencem e magnetizam por sua inteligência e capacidade.

Tipo Geminiano–Venusiano

Data de nascimento: entre 30 de maio e 8 de junho

Qualidades: afetividade, inteligência, sensibilidade
Vícios: preguiça, inconstância, malícia

Hora natal: entre 6h e 13h59m

O geminiano–venusiano é sempre menos inquieto e ativo do que seus irmãos de signo. Em compensação, é muito mais afetivo e possui a capacidade mental que Gêmeos sempre dá aos seus nativos; é dotado, também, de uma grande sensibilidade, que sempre se revela em todas as suas atitudes e realizações. Como todos os nativos dos Gêmeos, é comodista, preferindo sempre utilizar sua massa cinzenta a empregar seus músculos.

Os tipos superiores podem ser de valor extraordinário, tanto por sua capacidade intelectual como pelo interesse humanitário que encontramos em todas as suas realizações, ou pela beleza e bom gosto que caracterizam seus trabalhos. Os tipos inferiores são muito preguiçosos e não hesitam em recorrer a meios desonestos para ganhar dinheiro, contanto que se livrem de qualquer tarefa mais pesada.

Hora natal: entre 14h e 21h59m

Os tipos mais sensíveis do signo de Gêmeos nascem nesse momento cósmico. Aqui encontramos muitos daqueles que podem, facilmente, obter fama e fortuna nas artes interpretativas: teatro, mímica, declamação, etc. Também na escultura, pintura e literatura este período promete sucesso, pois seus nativos sempre sabem fazer aquilo que é do agrado do público.

Estes geminianos são alegres, amáveis, comunicativos e afetuosos. Muito do utilitarismo e da esperteza de Mercúrio desaparece, mas, em compensação, o nativo ganha em simpatia, tornando-se magnético e atraente. Aqui, além dos artistas, também podem nascer os advogados brilhantes, os oradores, os professores e os comerciantes de sucesso. Os tipos negativos são fúteis, preguiçosos e vaidosos, não apreciam o trabalho e preferem viver na malandragem.

Hora natal: entre 22h e 5h59m

Neste período nascem tipos contraditórios, que vivem sempre oscilando entre dois extremos; podem atirar-se ao trabalho com extraordinário entusiasmo para depois passar um longo período na mais absoluta inatividade; ora vestem-se com o maior cuidado, ora demonstram o mais frio desprezo pelas roupas e adornos, oscilam entre a amabilidade e a rispidez, entre a alegria e a depressão.

Estes nativos, às vezes, conseguem realizar-se mais facilmente que os demais nativos de Gêmeos porque, apesar da sua natureza contraditória, sabem ser obstinados e teimosos em suas opiniões, principalmente quando elas são atacadas por outros. Os tipos positivos que aqui nascem podem possuir excepcionais qualidades e qualquer carreira ou profissão promete sucesso para eles. Os tipos inferiores possuem uma vontade muito débil e são facilmente influenciados por estranhos.

Tipo Geminiano–Uraniano

Data nascimento: entre 9 e 20 de junho

Qualidades: intelectualidade, ecletismo, inteligência
Vícios: indiferença, destrutividade, indiferença sentimental

Hora natal: entre 6h e 13h59m

Os geminianos que nascem neste período podem ser os mais úteis ou os mais perigosos nativos de Gêmeos. A influência de Urano, combinada com a irradiação de Mercúrio, proporciona uma inteligência viva, fulgurante, capaz de resolver rapidamente os mais complicados problemas ou de arquitetar o mais malicioso plano em poucos segundos.

Os nativos deste período são muito bem dotados por seu signo e estão capacitados para exercer qualquer atividade, desde a mais modesta até a de maior responsabilidade. Embora hábeis, espertos e evasivos, sabem manter a palavra, quando a dão; podem, também, quando negativos, enganar o próximo de modo tão notável que raramente alguém consegue descobri-los em falta. Os tipos negativos tanto podem produzir os ladrões, ou os comerciantes desonestos, como os agitadores de massas e os elementos subversivos, que espalham inquietação e ódio.

Hora natal: entre 14h e 21h59m

Este momento cósmico suaviza bastante a personalidade dos geminianos–uranianos, tornando-os mais afetuosos e humanitários. Quando, porém, desiludem-se com alguma coisa ou pessoa, magoam-se profundamente e abandonam tudo, lar, parentes e amigos; desaparece, então, sua afetividade e não adianta tentar comovê-los, porque demonstram a maior frieza e indiferença.

Este período dinamiza a sensibilidade, e seus nativos, como acontece com todos os geminianos, podem dedicar-se às mais variadas atividades, sempre com sucesso, pois sabem fazer aquilo que mais agrada aos seus semelhantes. Todos os nativos de Gêmeos pertencentes aos dez dias que vão de 9 a 20 de junho são mais constantes e determinados do que seus irmãos de signo, o que lhes garante vitórias mais fáceis e fortuna mais rápida.

Hora natal: entre 22h e 5h59m

Os geminianos–uranianos, nascidos nesse momento cósmico, têm uma personalidade original, detestam o convencionalismo e a rotina e são muito rebeldes e independentes. Possuindo, também, as capacidades mentais oferecidas por Mercúrio, são persistentes e teimosos, perseguem seus objetivos com tenacidade e não recuam diante das dificuldades que surgem em seu caminho.

Estes nativos de Gêmeos, todavia, estão também sujeitos a grande instabilidade emocional e a alternâncias em seus processos dinâmicos; ora se mostram alegres, entusiastas e ativos, ora se tornam deprimidos, melancólicos e atônicos. Os tipos positivos são muito rigorosos em honestidade e moral, mas os negativos são muito perigosos porque reúnem a frieza e a insensibilidade proporcionadas por Urano à malícia e desonestidade de Mercúrio.

GÊMEOS E O ZODÍACO

Harmonias e desarmonias no plano das relações de amizade, de amor e de negócios entre os nascidos em Gêmeos e os nascidos em outros signos

Nenhum ser humano vive protegido por uma campânula de vidro, livre do contato direto com seus semelhantes. No lar, na convivência com amigos ou no trato dos negócios estamos, constantemente, agindo em paralelo com inúmeras pessoas; algumas nos agradam porque têm um temperamento igual ao nosso ou porque nossas predileções são idênticas; outras não nos são simpáticas porque representam o oposto do que somos ou do que desejaríamos ser. Devemos aprender a conhecer nossos irmãos zodiacais e a apreciar suas qualidades. Observando-os podemos, então, saber se aquilo que neles existe e que nos parece ruim, talvez não seja melhor do que o que existe em nós. Assim, o que seria motivo para antagonismo passa a atuar como fator de complementação e aperfeiçoamento.

Dentro da imensidão de estrelas que povoam a galáxia chamada Via Láctea, nosso Sol é um modesto astro de quinta grandeza, que se desloca vertiginosamente rumo a um ponto ignorado do Universo, carregando consigo seus pequeninos planetas e respectivos satélites; dentro, porém, do conceito igualitário do Criador, esse diminuto Sol e a insignificante Terra, com seus ainda mais insignificantes habitantes, têm uma importância tão grande quanto o incomensurável conjunto de nebulosas e seus bilhões de estrelas.

Somos átomos de pó, comparados com as galáxias e as estrelas, mas cada um de nós é um indivíduo que vive e luta. Para nós, nossos próprios desejos, aspirações, predileções, antipatias e simpatias têm uma magnitude infinita. Temos de enfrentar problemas dos quais dependem nossa felicidade e nosso sucesso. Para resolvê-los, precisamos, quase sempre, entrar em contato com muitas outras pessoas que pertencem a signos diferentes do nosso.

Amor, amizade e negócio são os três ângulos que nos obrigam à convivência com outros tipos astrológicos. Analisando-os, estudaremos o flexível signo de Gêmeos, em relação aos demais setores do zodíaco. Conhecendo as qualidades positivas ou negativas dos nativos dos outros signos, o geminiano poderá encontrar a melhor fórmula para uma convivência feliz, harmoniosa e produtiva.

GÊMEOS–ÁRIES. Tanto os arianos como os geminianos são idealistas, ardentes, inquietos e inteligentes, mas enquanto o nativo de Gêmeos usa a inteligência como arma principal, o ariano, geralmente, utiliza a força.

O Carneiro é um signo de ritmo impulsivo e seus nativos estão sempre se movimentando, alterando seus planos e partindo para novas aventuras, sendo a inconstância seu principal defeito. O geminiano, sendo de impulsos mutáveis, tanto pode revelar a instabilidade do ariano como pode mostrar-se teimoso, paciente e perseverante desde que o assunto ou empresa em pauta seja do seu agrado. Os nativos de Gêmeos tanto idealizam como realizam e tanto sabem concretizar, organizar e dirigir os seus próprios projetos como os alheios; os arianos, em oposição, estão sempre cheios de idéias grandiosas, mas geralmente só conseguem concretizá-las quando são secundados por outros elementos.

A união destes dois tipos astrológicos quase nunca resulta em algo proveitoso, não só em virtude da diferença no modo como ambos vivem, agem e reagem, como na incompatibilidade existente entre Mercúrio e Marte, regentes dos dois signos. Havendo, porém, um entendimento mútuo, em que o dominador e dinâmico ariano se compromete a não tentar subjugar o independente e evasivo geminiano, os resultados serão brilhantes, pois a inspiração de Áries será bem aproveitada pela brilhante qualidade mental de Gêmeos.

O ariano está sempre disposto a auxiliar os mais fracos. É orgulhoso e autoritário, e quem necessitar de sua ajuda deve solicitá-la com respeito, mas nunca com temor, pois o filho de Áries detesta os covardes.

Amor – O matrimônio entre nativos de Gêmeos e Áries só será feliz quando se unirem elementos positivos. Os arianos gostam do amor que traz, acima de tudo, a satisfação física, mas os geminianos, sempre sentimentais e idealistas, exigem também a comunhão espiritual ou mental. Por outro lado, os nativos de Áries são muito exclusivistas e, quando amam, querem absoluta fidelidade e atenção, ao passo que o nativo de Gêmeos, que busca mais a complementação harmoniosa do que o prazer sexual, não admite o despótico domínio ariano que o impede até mesmo de conversar com pessoas do outro sexo.

Naturalmente, os tipos superiores de qualquer signo sempre se harmonizam; unindo-se, porém, elementos negativos, principalmente de Gêmeos e Áries, a incompatibilidade é absoluta. Como os geminianos quase sempre trazem em seu destino a possibilidade de duas uniões ou casamentos, o matrimônio precisará ser muito perfeito para não terminar em separação.

Amizade – No terreno das amizades, como não existem interesses amorosos ou comerciais em comum, as probabilidades de uma vivência harmoniosa entre geminianos e arianos são bem mais acentuadas. As relações entre ambos, todavia, serão mais ocasionais ou superficiais, nunca alcançando grande intimidade e nunca durando por longo tempo. O nativo de Áries tem uma mentalidade panorâmica, enquanto o geminiano é detalhista; enquanto o primeiro vive sem se preocupar muito com os que estão vivendo ao seu redor, o segundo tanto gosta de analisar suas próprias emoções como aprecia estudar o comportamento dos seus companheiros sob a lente de seu espírito crítico e sagaz; ora, o que o ariano mais detesta é, justamente, ser criticado ou analisado.

Os geminianos nascidos entre 9 e 20 de junho devem evitar a companhia de arianos negativos; esse decanato de Gêmeos recebe a influência participante de Urano, que se hostiliza violentamente com Marte.

Negócios – Também nas associações comerciais a junção Áries–Gêmeos só oferece êxito quando se juntam os elementos positivos; nesse caso os resultados são excelentes, pois a inspiração do Carneiro é bem utilizada pelo poder de Gêmeos.

O ariano é intenso e dinâmico, enquanto o geminiano é mental, curioso e sagaz: teoricamente a união de ambos poderá trazer resultados esplêndidos, mas na prática ela quase nunca funciona. O nativo de Gêmeos é muito flexível e sabe tirar o maior e o mais lucrativo partido das situações, ao passo que o impetuoso ariano não tem muita habilidade comercial e sempre teme ser logrado pelo hábil protegido de Mercúrio. Discussões ou questões sobre dinheiro ou documentos poderão fazer com que a sociedade seja desfeita de modo desagradável. Os aspectos são particularmente desfavoráveis para os geminianos que se associarem aos arianos nascidos entre 21 e 30 de março, primeiro decanato do signo do Carneiro.

GÊMEOS–TOURO. Gêmeos, como signo aéreo, é de natureza quente e úmida, representa a energia expansiva e tudo o que penetra e transforma; a força coesiva de Touro opõe-se a ele, pois conserva, limita e restringe. Somente os tipos positivos e superiores destes dois signos podem complementar-se e harmonizar-se integralmente, favorecendo, assim, os casamentos e uniões, as relações amistosas e as associações comerciais.

O geminiano gosta dos horizontes infinitos, que não oferecem limites à sua mente flexível e progressista. Os taurinos não apreciam aventuras e preferem viver dentro das fronteiras do seguro e do certo. Os nativos de Gêmeos analisam, exploram, criticam, estudam e estão prontos a abandonar ou transformar suas opiniões e a abraçar as alheias, desde que elas lhe pareçam mais certas do que as suas. O nativo de Touro também analisa e critica, mas geralmente se aferra com tenacidade às suas idéias e dificilmente renova seus conceitos, transforma seus hábitos ou modifica sua maneira de trabalhar e viver.

Assim como muitos outros tipos astrológicos, o taurino encara com desconfiança a habilidade que o geminiano tem de falar e escrever e sempre tem medo de ser logrado, no amor ou nos negócios. Os aspectos mais favoráveis nesta função acontecerão para os geminianos nascidos entre 30 de maio e 8 de junho, período este que recebe a influência de Vênus, que também é o regente de Touro.

Quem precisar dos favores de um taurino não terá que esperar muito para ser atendido. Deve-se, porém, ter cuidado com os tipos negativos, pois eles tiram muito mais do que dão.

Amor – Nas afeições os taurinos são fiéis, dedicados e constantes e costumam colocar a segurança e o conforto de sua família acima de todas as outras coisas. Tem um gênio cordato e pacífico, mas, a seu modo, são dominantes, ciumentos e absorventes. Tanto sabem mergulhar em rancoroso silêncio como explodir em violenta cólera, e quando são ofendidos dificilmente perdoam.

O matrimônio poderá ser perturbado não somente por brigas e discussões, como a família do taurino também dará motivo a muitos aborrecimentos, pois interferirá na vida doméstica e o geminiano não saberá suportar essa intromissão. Poderá ser obtida certa estabilidade se o taurino procurar entender a natureza móvel do nativo de Gêmeos e se este for um pouco mais constante em sua afeição. Os aspectos mais harmoniosos são para os geminianos nascidos entre 30 de maio e 8 de junho, que recebem a influência participante de Vênus.

Amizade – No terreno das amizades, entre nativos de Gêmeos e Touro existem maiores promessas favoráveis, embora o temperamento inquieto e mutável do geminiano não o torne o companheiro ideal para o taurino. As possibilidades mais harmoniosas acontecem quando os geminianos se ligam fraternalmente a taurinos nascidos entre 30 de abril e 9 de maio; este decanato do Touro recebe a influência de Mercúrio e seus nativos também têm uma mente ágil, analista, crítica e curiosa como a dos nativos de Gêmeos.

Os que nascem sob o influxo dos Gêmeos devem evitar as relações amistosas ou demasiadamente íntimas com taurinos negativos; estes poderão trazer sérios prejuízos e darão causa a ataques e críticas à moral ou à honestidade dos nativos deste signo. As probabilidades são particularmente desfavoráveis para os geminianos nascidos entre 9 e 20 de junho, período este dominado por Urano, que não se harmoniza com a vibração venusiana de Touro.

Negócios – Também as indicações relativas às associações comerciais estabelecidas entre nativos de Gêmeos e Touro não são muito benéficas, pois enquanto os geminianos se ressentem da natureza desconfiada dos taurinos, estes, por sua vez, sempre temem ser enganados pelos hábeis nativos de Gêmeos. Mesmo quando elementos mais evoluídos conseguem harmonizar-se, é preciso que tenham muita sorte para obter êxito em seus empreendimentos, pois as profissões induzidas por Touro não favorecem muito os geminianos e vice-versa.

Somente os taurinos nascidos entre 30 de abril e 9 de maio é que são os sócios mais indicados para os nativos de Gêmeos, pois esse decanato de Touro recebe as influências participantes de Mercúrio; sendo mentalmente muito semelhantes aos geminianos, estes taurinos dão esplêndidos sócios, também capacitados a exercer as mesmas atividades induzidas por Gêmeos; só que quando desonestos, estes taurinos o são de modo tão completo quanto os geminianos negativos.

GÊMEOS–GÊMEOS. Nativos do mesmo signo podem harmonizar-se de modo completo, desde que ambos sejam de natureza negativa ou positiva, superior ou inferior. Às vezes sentem um pelo outro uma afinidade natural causada pela vibração do signo que é comum a ambos, mas, na vivência diária, quando são obrigados a suportar-se mutuamente, os antagonistas surgem para separá-los e não há possibilidade de reconciliação em virtude de não existir o magnetismo dos pólos para atraí-los.

Ligando-se a seus irmãos de signo, o geminiano poderá ter prazer e alegria se eles forem positivos; terá, seguramente, muitos aborrecimentos e prejuízos se forem inferiores. As vibrações de Gêmeos são altamente benéficas, mas seus raios negativos criam a malícia, a traição e a calúnia. Apesar de não ser agressivo e não apreciar a brutalidade, o geminiano menos evoluído é um dos adversários mais perigosos, pois suas armas são a crítica, a chacota, a mentira ou os truques ilegais; quando ataca, sempre procura a parte mais fraca do seu oponente e procura expô-la ao ridículo, ao descrédito e à censura pública. Os geminianos nascidos entre 9 e 20 de junho, que recebem a influência participante de

Urano, não se harmonizam muito com seus irmãos de signo nascidos entre 30 de maio e 8 de junho. Entre todos eles, porém, as possibilidades são variáveis, como variável é a natureza dos nativos de Gêmeos.

Quem necessitar do auxílio de um geminiano deve saber esperar o momento certo para pedi-lo, pois o nativo de Gêmeos ora é generoso ora é indiferente, dependendo do seu estado mental e das circunstâncias do momento.

Amor – No matrimônio, como em todos os casos, a união Gêmeos–Gêmeos poderá ser teoricamente harmoniosa, mas nunca trará grande resultado prático, em virtude de os defeitos serem comuns a todos os geminianos. Embora cada um tenha sua própria personalidade, em linhas gerais elas se assemelham, tornando um tanto tênues as possibilidades de um casamento feliz. Além disso, no destino dos geminianos sempre existe o risco de uma separação; nesse caso o risco será duplo.

Se somente as qualidades entrarem em jogo e forem superados os defeitos, os cônjuges, além de amantes, também serão companheiros. O amor será mesclado com uma cálida camaradagem; ambos encontrarão grande alegria na companhia mútua e jamais se separarão. Nos casos comuns, as promessas são de um ambiente doméstico instável, pouca fidelidade ou afeto de ambas as partes e situação financeira sempre oscilante.

Amizade – Nas relações fraternas é que se encontram as maiores probabilidades de sucesso quando se unem dois nativos de Gêmeos. As amizades serão agradáveis, profundas e sinceras, estabelecendo-se entre ambos o mesmo afeto que unia Pólux a Castor, os irmãos amigos que nem mesmo a morte foi capaz de separar.

O geminiano tem necessidade de um afeto fraterno e não sabe viver sem a companhia dos seus amigos. É necessário, porém, evitar a união ou a intimidade maior com elementos inferiores que sempre trarão resultados maléficos. Nos períodos de depressão o geminiano torna-se autodestrutivo, sua vontade se debilita, e entrando em contato com um elemento negativo perverte-se facilmente. É preciso especial cuidado com os que nascem no terceiro decanato de Gêmeos, entre 9 e 20 de junho; estes nativos, quando inferiores, são destrutivos e perversos; como têm uma personalidade mais firme que seus irmãos de signo, quando se inclinam para o mal são extremamente perigosos, porque têm a uraniana faculdade de perverter as emoções e os sentimentos.

Negócios – O signo de Gêmeos, com sua poderosa força mental, favorece inúmeras atividades lucrativas e honrosas. As associações entre seus nativos podem oferecer brilhantes possibilidades de êxito, fortuna e prestígio, principalmente quando elas acontecem entre aqueles que têm uma personalidade mais estável e que já sabem o que querem e o que vão fazer.

O geminiano pode vencer em qualquer profissão e o comércio lhe é particularmente favorável, pois tem grande habilidade para lidar com o público, para comprar e vender e para lidar com números. Falta-lhe, porém, a constância necessária para levar a bom termo uma tarefa mais pesada. Também é prejudicado pela dificuldade que tem de se subordinar às regras e horários, o que só acontece quando a atividade que está levando a cabo é de seu particular agrado.

O geminiano deve evitar associar-se a seus irmãos de signo que são negativos, pois a desonestidade, a fraude e o roubo são suas falhas mais freqüentes.

GÊMEOS–CÂNCER. O signo de Câncer é o setor zodiacal cuja vibração cósmica determina a sujeição do indivíduo aos seus ancestrais e inclina ao sacrifício pelos descendentes. Como nativo de um signo de água, o canceriano é sensível, afetivo, místico e conservador; sua natureza, portanto, difere bastante da que possui o intelectual e inquieto geminiano.

Uma afinidade muito grande poderá existir entre os nativos do Caranguejo e os nativos de Gêmeos, pois o planeta Mercúrio se harmoniza bem com a mística emotiva Lua, que é a senhora de Câncer. As instruções lunares são bastante semelhantes às de Mercúrio, no que se refere à inteligência e à sensibilidade; o poder mental dos cancerianos, porém, é mais intuitivo e menos racional e sua sensibilidade é mais psíquica do que nervosa.

A despeito dessa afinidade as possibilidades de uma convivência harmônica não são muito pronunciadas, pois enquanto os cancerianos vivem sempre atentos ao bem-estar e à felicidade dos que os rodeiam, agem sempre dentro dos limites da segurança e da ordem e não hesitam em sacrificar-se por aqueles que amam, o geminiano caminha de acordo com seus próprios desejos, não se importa em transpor cercas morais ou sociais quando julga que deve fazê-lo e é mais fácil sacrificar-se por um ideal do que por uma criatura, inclusive até mesmo sua própria pessoa.

Os cancerianos são extremamente fraternos e estão sempre prontos a auxiliar o próximo; pode-se ter a certeza de que tudo farão para atender a um pedido, desde que este não interfira ou prejudique sua vida particular.

Amor – Os matrimônios ou uniões amorosas entre nativos de Gêmeos e Câncer podem ser muito felizes, desde que os geminianos sejam um pouco mais fiéis e constantes em suas afeições. Embora dotados de um silencioso e rancoroso mau humor, os cancerianos são muito afetivos e dóceis e qualquer desequilíbrio doméstico sempre se deverá mais aos nativos de Gêmeos do que a eles.

As mulheres de Câncer são extremamente carinhosas, dedicadas e intuitivas. O homem nascido em Gêmeos, ao casar-se com uma canceriana, seguramente ganhará uma excelente esposa. Quando acontece o oposto, os aspectos favoráveis diminuem, pois a mulher do signo de Gêmeos é despreocupada, não gosta da rotina doméstica e detesta os horários controlados, o que seguramente desagradará ao marido canceriano, que é sempre amante da ordem e do método, embora muitas vezes não reze pela cartilha que prega. Nos casamentos com nativos de Caranguejo, o geminiano poderá ter vários filhos, pois Câncer é um signo muito fértil.

Amizade – As relações de amizade estabelecidas entre nativos de Gêmeos e de Câncer serão pouco profundas e de natureza instável, pois, já que não existe o amor ou o interesse familiar como traço de união, os cancerianos não se preocuparão em entender a personalidade inquieta dos geminianos. Por outro lado, somente quando existir uma comunhão mental, artística ou intelectual é que os nativos de Gêmeos procurarão adaptar-se à vida calma e moderada que é tão ao gosto dos nativos de Caranguejo.

Os geminianos, geralmente, são dominados pelo irresistível impulso de analisar e criticar, às vezes até de modo impiedoso. Os cancerianos, que são sempre amáveis e pacíficos, são capazes de admitir uma censura justa mas não suportam a crítica, e uma palavra mal interpretada poderá cortar, bruscamente, sua amizade com os nativos de Gêmeos.

Os geminianos devem evitar os cancerianos negativos, que são maliciosos e perversos e não têm escrúpulos quando querem prejudicar alguém.

Negócios – Mercúrio e Lua dominam sobre todas as coisas ligadas ao público, especialmente na parte relativa ao comércio, à publicidade e à exportação e importação, principalmente de gêneros alimentícios. A associação entre nativos de Gêmeos e Câncer poderá apresentar aspectos imensamente benéficos, prometendo prestígio e fortuna. O sucesso será maior quando as idéias forem deixadas a cargo dos geminianos e a organização for deixada nas mãos dos cancerianos.

Os nativos de Gêmeos geralmente confiam demais na própria esperteza e os cancerianos, quando negativos, poderão enganá-los com toda a facilidade; por esse motivo devem ser evitadas as associações com elementos inferiores, pois eles trarão muitos aborrecimentos, podendo determinar questões legais motivadas por documentos ou dinheiro. Os geminianos nascidos entre 9 e 20 de junho não serão felizes nos negócios feitos com cancerianos, a não ser com raras exceções.

GÊMEOS–LEÃO. Leão é o signo do Sol. Sua vibração é extremamente benéfica e o convívio com os leoninos geralmente é favorável para quase todos os tipos astrológicos. Não devemos esquecer, ainda, que Mercúrio é o planeta que está mais próximo do Sol, regente de Leão. Os leoninos têm a faculdade de dinamizar psiquicamente os geminianos, sabem entendê-los bem e podem obrigá-los a dar o máximo de sua inteligência e capacidade. Os nativos de Leão, quando pertencem ao tipo superior, possuem um magnetismo vital que é muito útil aos nativos de Gêmeos, pois fortifica seu delicado sistema nervoso.

Os leoninos, apesar de pertencerem a um signo fixo, gostam de viver prodigamente, gastando dinheiro, alegria e energia com a mesma liberalidade com que o Sol esbanja sua luz e calor. Amam a beleza, a arte, a riqueza e o luxo e mesmo quando se dedicam a atividades intelectuais ou científicas não se desligam com facilidade dessas coisas que trazem prazer à sua mente e conforto ao seu corpo. Nisso diferem bastante dos geminianos que pouco se preocupam com as coisas materiais quando perseguem um ideal.

A harmonia ou desarmonia entre elementos destes dois signos dependerá do grau de evolução de cada um, pois enquanto o geminiano é flexível e sempre se revela um bom companheiro, o leonino é generoso e sabe perdoar todos os defeitos e falhas quando se afeiçoa a alguém.

O leonino repele a fraude e a mentira e só aqueles que agem com correção conseguem seu apoio. Se alguém, ainda, fizer-lhe alguns elogios, conseguirá logo o que deseja, pois, embora justo, o nativo de Leão também é vaidoso.

Amor – Na vida conjugal dos que nascem em Gêmeos e também na dos nativos de Leão existe sempre o risco de problemas, especialmente provocados por uniões clandestinas. Naturalmente com exceção dos tipos positivos, no destino dos nativos deste signo existe a marca de uma dupla vida amorosa, isto é, um casamento e ao mesmo tempo um romance com outra pessoa, fato que poderá provocar a separação do casal.

Os leoninos são muito afetuosos, mas às vezes são bastante volúveis nos assuntos relacionados com o sexo oposto; isto desagradará aos geminianos, que geralmente têm o mesmo defeito, mas não o perdoa nos outros; intrigas ou calúnias de empregados ou subalternos também poderão provocar aborrecimentos domésticos. As perspectivas de um casamento mais feliz são para os geminianos nascidos entre 30 de maio e 8 de junho, período que recebe a influência participante de Vênus, que se harmoniza totalmente com o signo de Leão.

Amizade – O geminiano é muito amante da liberdade, age e pensa a seu modo, e não se subordina muito ao leonino, que é como um pequenino soberano, que gosta de comandar seus amigos. Por outro lado, o leonino não segue ninguém, mas gosta de ser seguido, aprecia o elogio mas não perdoa a crítica, ao passo que o geminiano, inconstante e independente, jamais corteja alguém, raramente elogia e freqüentemente critica. Estes são os motivos que geralmente impedem que relações fraternas, profundas e íntimas, se estabeleçam entre nativos de Gêmeos e Leão.

Os leoninos têm grande facilidade para lidar com pessoas altamente colocadas ou socialmente importantes, e por meio deles os geminianos poderão obter apoio político ou financeiro que favorecerá seus negócios e empreendimentos. As associações com elementos negativos de Leão poderão provocar o oposto, isto é, trarão sérios prejuízos sociais e financeiros para os nativos de Gêmeos.

Negócios – Nas associações comerciais podem ser observados os mesmos pontos que nas relações fraternas entre nativos de Gêmeos e Leão. O leonino gosta de dominar, o geminiano não se deixa comandar com facilidade e para que os negócios possam marchar em bases amigáveis será necessário que cada um saiba respeitar os direitos do outro.

O leonino tem muita sorte para ganhar dinheiro e, com exceção dos tipos inferiores, é sempre correto, honesto e sincero. O geminiano recebe do seu signo as mais amplas qualificações, podendo realizar qualquer tarefa ou associar-se com qualquer pessoa desde que esta saiba compreendê-lo. Portanto, as promessas de êxito são imensas, desde que o nativo de Gêmeos concentre suas energias no trabalho e o de Leão seja prudente nos gastos, pois sua excessiva liberalidade é o fator que o prejudica mais em todos os seus empreendimentos.

GÊMEOS–VIRGEM. Gêmeos é um signo aéreo e tem uma natureza quente e úmida, enquanto Virgem pertence ao elemento terra e sua natureza é seca e fria. A constante rítmica de ambos é idêntica, isto é, são signos mutáveis oscilando entre o impulso e a estabilidade. Mercúrio é o regente destes dois setores zodiacais, o que determina bastante semelhança mental entre geminianos e virginianos. Enquanto, porém, em virtude da natureza expansiva dos signos de ar, Gêmeos dá aos seus nativos uma personalidade flexível e adaptável e uma mentalidade livre e inquieta, Virgem, pela ação construtora própria do elemento terra, torna seus nativos mais práticos, objetivos e metódicos e muito menos flexíveis que os geminianos.

Gêmeos e Virgem são signos intelectuais e científicos. Ambos dão, aos que nascem sob sua influência, o dom da análise, da percepção e da assimilação e proporcionam a faculdade de memorizar, compreender, transmitir e classificar. Virgem tem alguns pontos de superioridade sobre Gêmeos, pois sua vibração mental é mais concentrada e profunda. Os virginianos, a despeito da maturidade de seu signo, são mais persistentes e consistentes que os geminianos e é por isso que às vezes realizam seus objetivos com mais facilidade e rapidez. Nos aspectos negativos são muito mais perigosos que os nativos de Gêmeos, pois unem a fraude, a trapaça e a malícia à sensualidade e à perversão.

Para os virginianos positivos, auxiliar e orientar o próximo é quase um dever moral. Quem necessitar de qualquer favor deve escolher as palavras com que irá fazer o pedido, pois Virgem gosta de amparar os fracos, mas detesta os orgulhosos.

Amor – As vibrações de Virgem são mais passivas do que as de Gêmeos, e os matrimônios mais felizes acontecem quando o homem nasce no signo de Gêmeos e a mulher nasce sob as estrelas de Virgem. O virginiano, homem ou mulher, é muito constante em suas afeições e os tipos superiores são extraordinariamente magnéticos, carinhosos e dedicados. Os tipos negativos são imensamente desagradáveis, pois os raios inferiores do elemento terra determinam brutalidade, rancor, ódio e perversidade.

O destino dos virginianos e geminianos menos evoluídos sempre promete uma vida doméstica perturbada por brigas e discussões ou separação causada por incompatibilidade de gênio ou por infidelidade de um ou ambos os cônjuges. Alguns parentes também podem causar aborrecimentos, principalmente por questões de dinheiro. Calúnias ou intrigas feitas por empregados ou vizinhos também poderão abalar a estabilidade matrimonial dos geminianos e virginianos.

Amizade – Nas relações de amizade e nas associações comerciais é que se verificam os aspectos mais benéficos entre Gêmeos e Virgem. Como existe uma afinidade entre os nativos destes dois signos, as relações fraternas serão úteis, agradáveis e duradouras.

O virginiano, quando positivo, é excelente amigo e está sempre disposto a colaborar e até mesmo a sacrificar-se por aqueles a quem estima; o geminiano, que apesar de sua independência sempre precisa de um apoio moral, encontrará esplêndidos companheiros entre os nativos de Virgem e poderá contar com eles nas horas ensolaradas e nos momentos sombrios.

Certos nativos de Virgem são extremistas: em geral, gostam do silêncio e são muito conservadores e rotineiros; com estes o geminiano não terá relações fraternas muito agradáveis ou profundas, pois suas tendências livres e nem sempre convencionais serão criticadas e reprovadas, o que não será do seu agrado.

Negócios – Os prognósticos relativos às associações comerciais entre virginianos e geminianos são muito favoráveis, desde que ambos sejam elementos positivos, caso contrário os dois sócios perderão mais tempo tentando enganar-se mutuamente do que lutando para ganhar dinheiro.

Todas as associações com afinidades científicas, literárias ou artísticas, estabelecidas entre nativos de Gêmeos e de Virgem, serão sempre benéficas e lucrativas. Também os negócios de importação ou exportação, livros, publicidade ou transportes poderão trazer fortuna e prestígio. O virginiano é esplêndido elemento de complementação e sua persistência e moderação suprirão as falhas do hábil, mas inquieto e versátil, geminiano. É importante saber que, com lucros iguais e direitos iguais os nativos de Virgem sempre farão fortuna mais cedo que seu sócio de Gêmeos, pois sabem melhor aproveitar o dinheiro.

GÊMEOS–LIBRA. Gêmeos e Libra são signos de inteligência, pertencem ao elemento ar e possuem a mesma qualidade expansiva e envolvente. Gêmeos representa a inteligência aplicada ao conhecimento e suas vibrações determinam a separação dos opostos e sua classificação. Libra, cujo poder mental tem vibrações extremamente sensíveis, julga, determina os valores reais, distingue em cada criatura o seu mérito individual e lança as bases da fraternidade universal, que só será atingida em Aquário, o terceiro signo de ar.

Existe grande afinidade entre geminianos e librianos apesar da diferença que se verifica na personalidade de ambos; enquanto Libra sensibiliza as emoções, Gêmeos as intelectualiza; a influência de Mercúrio torna os geminianos inquietos, curiosos, eloqüentes e muitas vezes indiscretos, ao passo que a benéfica e amável vibração de Vênus, regente de Balança, dá aos librianos uma natureza tranqüila, discreta, amável e equilibrada. Para o nativo de Gêmeos o mundo tanto pode ser um palco como um laboratório, e o ser humano é um interessante objeto de estudos e pesquisas; seu julgamento sempre sofre a influência de suas emoções e geralmente só perdoa e auxilia aqueles a quem ama. Para o nativo de Balança o homem é um divino composto de erros e virtudes, que devem ser apreciadas e entendidas; com sua imparcialidade, conforta inocentes e culpados, mas só auxilia os que merecem, pois sabe que quem ajuda alguém a carregar o fardo de uma culpa está causando mais prejuízo do que benefício.

O libriano é muito compreensivo, mas é exigente em matéria de moral e honestidade. Quem quiser um favor seguramente será atendido se o pedido for justo; caso contrário, não conseguirá comover o imparcial nativo de Libra.

Amor – A despeito da afinidade mental determinada por Gêmeos e Libra, os casamentos entre geminianos e librianos não serão muito felizes, principalmente por culpa dos primeiros. Para os nativos de Balança o amor é quase uma religião, e o despreocupado comportamento do geminiano dará causa a muitos aborrecimentos.

Estranhas situações podem surgir nos casamentos ou uniões entre nativos destes dois signos. O libriano preza muito o seu bom nome e dá grande valor à opinião alheia; por essa razão, mesmo sem convivência íntima, o matrimônio poderá ser mantido apenas por uma razão social ou em consideração aos filhos.

Os raios negativos de Libra induzem à sensualidade, ao materialismo e à prostituição. O geminiano, que no casamento com outros tipos astrológicos é quase sempre responsável pelas aventuras amorosas ilegais, unindo-se a um elemento negativo de Libra verá acontecer o contrário; ele é que será o enganado.

Amizade – Nas relações fraternas, Libra oferece a Gêmeos excelentes possibilidades. Os geminianos encontrarão, entre os nativos de Balança, amigos sinceros, úteis e afetuosos e com eles talvez passem os momentos mais agradáveis de sua vida. O libriano, como o nativo de Gêmeos, também sempre procura fazer somente aquilo que lhe dá prazer. Também, como o geminiano, gosta de ter a mente ocupada, mas as mãos ociosas, isto é, gosta de trabalhar mentalmente, mas não aprecia o esforço físico. Estas condições fazem com que ambos possam ser ótimos companheiros, embora não favoreçam os negócios quando se associam comercialmente.

Os raios negativos de Libra são diferentes dos de Gêmeos; enquanto estes inclinam à desonestidade, à trapaça e à crítica maliciosa ou cruel, as vibrações inferiores de Balança determinam sensualidade e materialismo e os librianos menos evoluídos farão muito mal aos psíquicos e sensíveis geminianos que tiverem uma vontade mais débil.

Negócios – Conforme já dissemos, os nativos de Libra, assim como os nativos de Gêmeos, não apreciam o trabalho físico. Nenhum destes dois tipos astrológicos submete-se, de boa vontade, aos relógios e nem gosta de ficar trancado horas seguidas num escritório ou numa loja, a não ser que os lucros provem ser muito compensadores. Assim, os prognósticos para as associações comerciais são incertos, isto é, geminianos e librianos poderão ser bons camaradas, mas só serão bons sócios se o negócio andar bem desde o início; se tiverem um começo difícil, a sociedade não durará muito tempo.

Quando geminianos e librianos se unem com finalidades comerciais, é bom ter cautela com os assuntos relacionados com dinheiro, papéis e documentos, porque estes poderão causar desentendimento entre os sócios e até mesmo levá-los a consultar advogados e chegar aos tribunais.

GÊMEOS–ESCORPIÃO. Escorpião é um signo estranho, e no zodíaco fixo, intelectual, corresponde à casa da Morte. Suas reações são violentas, como se estivesse num permanente estado de ebulição, pois sendo um signo de água, tem como regente um planeta que pertence ao elemento fogo, que é Marte.

Os escorpianos são coléricos, agressivos, impulsivos e, ao mesmo tempo, frios, calculistas e racionalistas. O geminiano, ao defrontar-se com eles, encontra pontos de afinidade em relação à inteligência, ao amor, à pesquisa, à ciência e à cultura, mas como não é agressivo ou dominador, se não tiver uma vontade forte poderá ser dominado pela vibração poderosa e nem sempre benéfica de Escorpião.

Com poucas exceções, a união Gêmeos–Escorpião é desfavorável para os geminianos. Os males que atacam sua saúde e também os aborrecimentos causados por empregados ou servidores domésticos vêm de Escorpião, assim como todas as questões com pessoas que trabalham sob suas ordens. É devido à vibração do Escorpião que o nativo de Gêmeos quase nunca tem muita sorte no lidar com criaturas de condição social ou financeira inferior à sua, devendo sempre procurar amizade ou associações em seu meio ou em meios mais elevados.

Os escorpianos positivos são dinâmicos, magnéticos e inteligentes e os geminianos encontrarão prazer em sua companhia; os negativos são extremamente perigosos e poderão causar danos irreparáveis aos nativos de Gêmeos.

O escorpiano é difícil de ser enganado. Quem precisar de sua ajuda deverá falar-lhe com absoluta franqueza, sem mentiras ou dissimulações; caso contrário, não será atendido, mesmo que o pedido seja justo.

Amor – Nos casamentos entre geminianos e escorpianos só existirá felicidade quando se unirem dois tipos positivos. Contraindo matrimônio com um nativo de Escorpião, de vibração inferior, o nativo de Gêmeos terá uma vida doméstica tempestuosa, cheia de brigas e discussões. O geminiano sabe ser um crítico mordaz e impiedoso, mas não levará muita vantagem frente ao escorpiano, que tem uma língua que fere profundamente, pois suas acusações são sempre baseadas em motivos justos. Assim, o casamento quase sempre terminará em separação, às vezes até com interferência da justiça, por questões de dinheiro ou relativas aos filhos.

Para os geminianos o matrimônio será mais feliz quando se unirem a um escorpiano nascido entre 11 e 21 de novembro. Este decanato de Escorpião é regido pela Lua, cuja vibração se harmoniza com Gêmeos e Mercúrio, o que vem possibilitar maior entendimento entre seus nativos.

Amizade – Também no terreno da amizade os prognósticos oferecidos pela união de Gêmeos e Escorpião não são muito benéficos e os nativos dos dois signos nunca se entenderão muito bem, seja na música, na literatura, na política ou nos assuntos mais comuns. O geminiano é flexível, adaptável e pesquisador; hoje defende ardentemente algo que amanhã poderá atacar com ardor por ter encontrado outra coisa mais perfeita; seu alvo é a perfeição e vive sempre à procura de novos caminhos. O escorpiano é firme em seu ponto de vista, tem opiniões imutáveis, não atende a outra razão que a sua própria e se torna agressivo quando contrariado.

Os encontros entre amigos destes dois setores zodiacais quase sempre terminarão em brigas ou discussões acaloradas, e se o geminiano fizer uma crítica mais ferina, seguramente o escorpiano deixará de ser seu amigo e se tornará seu inimigo.

Negócios – As preferências e inclinações dos nativos de Escorpião, assim como as profissões onde eles geralmente se sentem à vontade, não são, muitas vezes, as mesmas que combinam com o temperamento e a mentalidade dos geminianos. As associações entre ambos só terão sucesso se se restringirem às atividades convenientes de ambas as partes; isto é, terão sucesso se os sócios conseguirem conviver em paz.

Nessas associações há promessas de discussões, intrigas por parte de empregados e questões por dinheiro, papéis ou documentos, que poderão levar os sócios perante os tribunais, sempre com desvantagem para o geminiano.

Nos negócios, assim como no amor ou na amizade, o nativo de Gêmeos deve sempre evitar os escorpianos negativos, pois estes poderão dar causa a acontecimentos infelizes que prejudicarão, irremediavelmente, sua moral, sua felicidade doméstica, suas finanças e sua posição social.

GÊMEOS–SAGITÁRIO. O signo do Centauro é o setor zodiacal onde o elemento fogo encontra sua sublimação. Da mesma forma que Gêmeos, Sagitário é um signo de inteligência, mas o poder mental por ele induzido é bastante diferente daquele que encontramos em Gêmeos, onde se faz o primeiro e mais difícil trabalho de investir contra o caos inicial e encetar a tarefa de separação e organização. Sagitário representa a força que classifica e agrupa as coisas e criaturas, criando castas, hierarquias, leis e códigos.

Cosmicamente, Gêmeos e Sagitário têm vibrações harmoniosas combinando em sua finalidade, pois cada um deles executa parte do mesmo trabalho. Na vida prática, porém, seus nativos não têm grande afinidade. Os filhos do Centauro, protegidos pelo magnânimo, porém rigoroso Júpiter, costumam, como aliás é próprio dos que nascem em signos de fogo, exigir obediência e submissão; não só seus desejos devem ser cumpridos como devem ser respeitadas as leis que protegem a estrutura social e defendem a estabilidade dos privilégios hierárquicos, religiosos, políticos e intelectuais.

Para conseguir obediência de um geminiano é preciso mais do que o rigor de Júpiter que não se harmoniza com o inquieto é hábil Mercúrio. Em virtude disso, os antagonismos entre geminianos e sagitarianos provêm mais destes últimos, que se ressentem da facilidade com que os evasivos nativos de Gêmeos fogem do seu domínio.

Se alguém necessitar do favor de um sagitariano deve saber como pedi-lo; o nativo de Sagitário é generoso, não nega auxílio a ninguém, mas gosta de ser tratado com muita consideração e respeito.

Amor – Por intelectualizar suas emoções, o que às vezes os faz parecer indiferentes ou destituídos de afeto, por seu espírito crítico que não costuma perdoar nem mesmo as pessoas amadas e por se envolverem em freqüentes aventuras amorosas, mais por curiosidade do que por interesse sexual, os nativos de Gêmeos sempre têm uma vida doméstica turbulenta e seu casamento geralmente acaba em separação, amigável ou judicial.

Tudo o que está definido por leis, humanas ou divinas, merece o respeito dos sagitarianos, inclusive o matrimônio, e embora seu destino, tal como o dos geminianos, também possa prometer separação, eles procuram manter a estabilidade doméstica o mais que podem. As uniões entre tipos positivos podem ser muito harmônicas e pacíficas desde que ambos saibam corrigir seus defeitos. As uniões com tipos inferiores nunca chegarão a bom termo, pois o sagitariano negativo é sensual, materialista e grosseiro.

Amizade – Nas relações fraternas residem os melhores aspectos entre Gêmeos e Sagitário. Não sendo obrigados a viver sempre juntos, geminianos e sagitarianos se entenderão melhor. Caso, porém, a amizade for muito íntima, fatalmente acabará em briga, pois estes dois tipos astrológicos têm uma personalidade independente, são mutáveis em suas opiniões e nenhum se submete à vontade do outro.

Os sagitarianos inferiores poderão trazer graves prejuízos aos geminianos, pois todas as vezes que surgirem brigas ou questões legais os nativos de Gêmeos estarão arriscados a levar a pior parte. Sagitário e seu regente Júpiter representam a lei compreendida principalmente em termos humanos, isto é, religiosa, militar, política e judicial. Os amigos sagitarianos, inferiores ou negativos, poderão convencer os geminianos a praticar ações que prejudicarão sua vida e sua felicidade.

Negócios – Na parte relativa às associações comerciais, Júpiter, regente de Sagitário, é excelente legislador mas é péssimo negociante. Enquanto os geminianos são hábeis e sabem adaptar-se a tudo aquilo que é da preferência do público, os sagitarianos são demasiadamente teóricos e, embora sejam organizadores brilhantes e chefes competentes, dificilmente saberão mover-se por entre as intrincadas tramas comerciais que dependem mais da sagacidade do que da cultura.

Se geminianos e sagitarianos se mantiverem em suas posições, isto é, um organizado e dirigindo e o outro tratando do contato direto com o público e das manobras financeiras e comerciais, aí então a sociedade promete um êxito considerável. Naturalmente, para o bom sucesso do empreendimento será necessário que se associem tipos positivos e que ambos evitem que as desavenças pessoais prejudiquem o andamento dos negócios.

GÊMEOS–CAPRICÓRNIO. Os signos de terra e ar, representando duas forças que se opõem, a força coesiva e a expansiva, nunca se harmonizam de modo completo. Entre geminianos e capricornianos, todavia, poderá existir maior tolerância mútua porque o frígido e pesado Saturno, regente da Cabra Marinha, não hostiliza Mercúrio, o senhor de Gêmeos.

Os nativos de Capricórnio, introvertidos, concentrados e silenciosos, encaram quase sempre com benevolência os vivazes geminianos, talvez por estes possuírem uma personalidade diametralmente oposta à sua. Na verdade, afeições ardentes, amizades íntimas e agradáveis ou associações desinteressadas quase nunca se verificarão entre os nativos destes dois signos, pois enquanto o geminiano, embora afetuoso, seja demasiadamente inquieto para abrigar emoções muito profundas, o capricorniano é demasiadamente profundo para se afeiçoar a algo ou a alguém.

Isto não quer dizer que os nativos de Capricórnio não tenham capacidade para amar; podem fazê-lo com a mesma sinceridade de outro qualquer tipo astrológico; apenas podem se apaixonar com menos facilidade e necessitam de alguma coisa mais do que a atração física para que o amor desperte.

Os tipos evoluídos, de Gêmeos e de Capricórnio, podem realizar grandes coisas quando se associam, pois os capricornianos, que não são brilhantes nem entusiastas, têm um poderoso e objetivo poder intelectual.

O nativo de Capricórnio é pouco emotivo e não revela seus sentimentos. Quem necessitar de seu apoio deverá não só medir as palavras sobre o que for solicitar, como deve também pedir auxílio à sorte.

Amor – O amor ideal, sincero e desinteressado ou a paixão ardente e avassaladora emoções que, com raríssimas exceções, não despertam entre geminianos e capricornianos. O nativo de Gêmeos precisa de estímulo mental para amar e quem nasce em Capricórnio é incapaz de dar-lhe esse estímulo; por essa razão, os casamentos ou uniões destes dois tipos astrológicos, embora possam ter uma aparência de união amorosa, quase sempre serão motivadas pelo interesse, social ou financeiro.

O geminiano, que gosta de carinho e aprovação, mas ao mesmo tempo sempre deseja conservar sua independência, nunca será feliz ao lado do capricorniano menos evoluído, que tanto pode ser exclusivista e ciumento como indiferente e frio. Os matrimônios mais felizes ocorrem quando os geminianos se unem a alguém nascido no segundo decanato de Capricórnio, entre 31 de dezembro e 9 de janeiro, período este que recebe a influência de Vênus, cujos raios emprestam maior afetividade e calor.

Amizade – Nas relações de amizade podem ser apontados os mesmos aspectos que já foram observados em relação ao matrimônio. As ligações fraternas entre os nativos de Gêmeos e os capricornianos nunca serão muito íntimas ou profundas e raramente serão desinteressadas, tendo sempre um segundo propósito.

Entre indivíduos cultos e de vibrações positivas estas relações poderão ser mais agradáveis, pois o estudo e a pesquisa agradam a ambos, sendo que o capricorniano, da mesma forma que o geminiano, também considera o ser humano como interessante cobaia, apropriada para observações e experimentos.

Os nativos de Gêmeos devem lidar com o máximo cuidado com os capricornianos negativos, que são friamente perversos, extremamente cruéis, cínicos e destrutivos, podendo, do mesmo modo que os escorpianos, causar danos irreparáveis tanto às finanças como à felicidade doméstica ou à posição social dos geminianos.

Negócios – Esta é talvez a mais promissora forma de associação oferecida a geminianos e capricornianos; a perspectiva de sucesso financeiro será o traço de união que fará com que ambos se suportem mutuamente.

Capricórnio torna seus nativos perseverantes, laboriosos e reflexivos, capacitando-os, portanto, para qualquer tarefa de responsabilidade e fazendo com que complementem muito bem as idéias brilhantes, porém superficiais dos geminianos, e orientam sua atividade inspirada porém instável. Estes tipos astrológicos, quando positivos, são sagazes, práticos e hábeis e sempre sabem descobrir o melhor meio de ganhar dinheiro; quando são negativos também sempre sabem encontrar o caminho mais seguro e rápido para enganar o próximo e fazer fortuna.

Os geminianos serão muito favorecidos quando se associarem a capricornianos nascidos entre 31 de dezembro e 9 de janeiro, pois estes dez dias da Cabra Marinha recebem a influência participante de Mercúrio.

GÊMEOS–AQUÁRIO. Os signos da mesma triplicidade costumam harmonizar-se muito bem. Gêmeos, porém, associa-se melhor com Aquário, o terceiro signo de ar, do que com Libra, onde Vênus, transformada em deusa da Justiça, costuma apontar-lhe, com demasiada freqüência, os erros cometidos.

Enquanto os geminianos são mutáveis, dividindo suas afeições e multiplicando suas atividades, os aquarianos são muito estáveis; quando se afeiçoam a alguém dedicam-se apenas à pessoa amada e a mais ninguém e quando iniciam um trabalho não o abandonam enquanto não o julgam terminado e perfeito. Por outro lado, apesar do seu reduzido respeito à ordem, o geminiano, quando encontra um obstáculo e não pode transpô-lo, procura sempre os meios de contorná-lo, ao passo que os nativos do Aguadeiro sempre têm a tendência de destruir aquilo que pode limitá-los ou aprisioná-los.

Os nativos de Gêmeos se entendem bem com os aquarianos, que são não-convencionais, rebeldes, inteligentes, não costumam guiar-se muito pelas leis ou regulamentos e seguem uma ética própria que muito se assemelha ao código que os geminianos geralmente organizam para si próprios. Nesta junção Gêmeos–Aquário são maiores os prognósticos de sucesso quando existe um sentido cultural, científico, artístico ou financeiro, porque os conceitos de amor e vida familiar variam muito, de um para outro.

O nativo de Aquário raramente deixa de atender aos pedidos que lhe são feitos; o difícil é chegar-se até ele, pois embora não seja anti-social é muito retraído.

Amor – Os prognósticos para o casamento, oferecidos por Gêmeos e Aquário, são de natureza instável; os geminianos tanto poderão encontrar grande felicidade e conseguir, afinal, a união baseada em sua sonhada afinidade completa, como poderão viver atormentados por um cônjuge teimoso e rebelde, que pouca importância dá à família, ao lar e aos direitos e deveres conjugais. Os nativos de Gêmeos geralmente contornam as situações e as mantêm enquanto podem, mas os aquarianos, uma vez insatisfeitos, cortam abruptamente qualquer espécie de laço ou compromisso que os prende. Como está sempre marcado no destino dos nativos de Gêmeos, e também no dos nativos de Aquário, o casamento poderá acabar em separação.

Os filhos do Aguadeiro, quando inferiores, são frios, insensíveis e pervertem para melhor destruir; os geminianos poderão ser imensamente prejudicados se mantiverem com eles relações extraconjugais.

Amizade – No que se refere às relações fraternas, os aspectos entre Gêmeos e Aquário prometem bastante sucesso e prazer. No céu astrológico natal dos geminianos, o signo do Aguadeiro representa justamente a Casa dos Amigos; residem, pois, neste setor, as melhores e mais sinceras amizades que o geminiano poderá encontrar.

Os aquarianos são realizadores extraordinários; possuem indômita energia mental e espiritual e tanto tentam desvendar o mistério do homem como os segredos cósmicos; unindo-se a eles, o geminiano poderá ser auxiliado em sua eterna procura da verdade e da perfeição. Os nativos de Aquário, quando negativos, poderão causar graves males aos nativos de Gêmeos; todavia, as associações com tipos positivos trarão muita alegria e o geminiano poderá encontrar, nas vibrações de Aquário, que é o terceiro signo da triplicidade de ar, o seu tão almejado caminho de iluminação.

Negócios – Geminianos e aquarianos obterão muito sucesso quando se associarem com finalidades científicas, artísticas ou culturais, ou quando se decidirem a explorar, juntos, alguma atividade relacionada com livros, escritos, publicidade, jornalismo, etc. Comercialmente falando, a sociedade não será de grande proveito e os lucros financeiros poderão não compensar o esforço feito; em compensação, porém, tanto geminianos como aquarianos terão o reconhecimento público, a fama e a popularidade.

Os geminianos devem sempre evitar as ligações de qualquer espécie com os nativos de Aquário, de vibração negativa, pois estarão sujeitos a prejuízos, aborrecimentos e até punições legais ou perseguições políticas ou religiosas, em virtude de atos subversivos ou escritos e publicações ofensivas à lei e à ordem. Os aquarianos que mais sorte têm nas atividades comerciais são aqueles que nascem entre 30 de janeiro e 8 de fevereiro e é com eles que os geminianos poderão fazer os melhores negócios.

GÊMEOS–PEIXES. O signo de Peixes pertence ao elemento água e é regido pelo místico Netuno, cujas vibrações não combinam com a irradiação de Mercúrio. Do mesmo modo que Gêmeos, Peixes pode dividir seus nativos em duas classes distintas. Também pode dividir a personalidade, dando aos piscianos uma natureza dúplice e um temperamento extraordinariamente mutável; essa mutabilidade, porém, difere da do geminiano, pois é apenas exterior, como acontece com as sombrias e tranqüilas profundidades oceânicas que são enganosamente cobertas por águas móveis e cambiantes.

Os geminianos não conseguem manter relações muito harmoniosas com os piscianos, que tanto podem ser alegres, inconseqüentes, infantis e vaidosos, como apáticos, sonhadores, passivos e tímidos ou, ainda, ciumentos, dominadores e orgulhosos. Os nativos de Gêmeos, que apesar de possuírem um temperamento complexo não gostam de criaturas complicadas, acham difícil entender o pisciano, cujo tipo superior é um dos mais elevados do zodíaco, pois é altamente inteligente e possui uma sensibilidade acima da normal.

A reputação, a fortuna e tranqüilidade familiar dos geminianos poderão sofrer muitos danos se estes se associarem a piscianos negativos ou inferiores, que geralmente se inclinam à bebida, usam entorpecentes, gostam de vagabundagem e da vida em ambientes sórdidos.

O nativo de Peixes é humanitário e sempre está pronto a auxiliar todos os que a ele recorrem. Para obter sua ajuda não é preciso esperar muito tempo; basta pedir que ele atenderá com presteza.

Amor – Casando-se com um pisciano equilibrado e positivo, o geminiano não correrá o risco de separar-se do cônjuge, pois o nativo de Peixes, sempre pronto a entender e perdoar, dificilmente rompe os laços matrimoniais. Estes prognósticos, porém, não terão efeito se os geminianos escolherem um pisciano negativo; nesse caso, a união será extremamente infeliz e o nativo de Gêmeos poderá, inclusive, ter sua posição social afetada por conduta imoral ou imprópria do cônjuge.

As oportunidades mais favoráveis, referentes ao matrimônio, acontecerão quando o geminiano afeiçoar-se a alguém nascido no segundo decanato de Peixes, entre 1º e 10 de março; esse período recebe a influência participante da Lua, que apesar de proporcionar demasiada sensibilidade e de excitar profundamente os sentidos psíquicos, costuma favorecer os que recebem sua influência, dando-lhes uma natureza calma, compreensiva e afetuosa.

Amizade – No que se refere à amizade, as perspectivas são mais promissoras, embora os mesmos pontos débeis, apontados acima, devam ser novamente lembrados. Os geminianos devem sempre procurar a companhia de piscianos positivos; estes lhe farão bem, pois ajudarão a espiritualizar sua mente demasiadamente racionalista e darão um sentido mais místico à sua insaciável curiosidade.

Os tipos negativos, cujo nefasto trabalho é feito através da persuasão e do exemplo, poderão fazer com que os nativos de Gêmeos, por curiosidade, pelo desejo de "experimentar", penetrem no sombrio e alucinante mundo das drogas entorpecentes.

É prudente que o nativo de Gêmeos tenha em mente que todas as coisas boas ou más que possam suceder-lhe, com exceção das causadas por seus próprios atos ou conceitos, serão provocadas por influência de amigos, positivos ou negativos.

Negócios – Nas associações comerciais os geminianos poderão aproveitar bem a laboriosidade, dedicação e versatilidade dos nativos de Peixes. No teatro, na arte, na literatura, nas leis, na medicina, no comércio, em todas essas atividades o pisciano poderá colaborar eficazmente com o nativo de Gêmeos e todas elas prometem sucesso e lucro, assim que sejam eliminados os choques provocados pela diferença de personalidade, existentes em ambos os tipos astrológicos.

Em todos os empreendimentos os geminianos deverão assumir sempre a parte diretiva, deixando a organização a cargo dos nativos de Peixes, que são muito habilidosos no trato com empregados. Quando essas associações forem realizadas com elementos positivos, o sucesso será sempre rápido e certo; todavia, o mesmo aviso feito anteriormente, em relação aos piscianos inferiores, deve ser lembrado aqui, pois eles provocarão males de grandes proporções.

MERCÚRIO, O REGENTE DE GÊMEOS

Mercúrio, o pequenino planeta que vive tão próximo do Sol, cuja evolução é tão rápida que seu ano solar tem 88 dias apenas, indica bem a inquieta personalidade dos geminianos. Ele rege dois signos zodiacais: Gêmeos e Virgem. Em Virgem ele se define mais, torna-se mais lento e profundo e perde muito de sua intensa vibração. Em Gêmeos, porém, ele tem toda a sua maravilhosa mobilidade e é neste setor zodiacal que ele pode exercer melhor a sua tarefa de dinamizar a inteligência.

Está sob o domínio de Mercúrio tudo o que se relaciona com o movimento, a vibração e o som; também estão sob sua influência todos os meios que o homem tem de se comunicar com seus semelhantes ou de mover-se para os mais diversos lugares; assim, os transportes, terrestres e marítimos, excetuando-se o aéreo, o telégrafo e as comunicações estão sob sua regência. A ele pertencem, igualmente, todas as coisas relacionadas com o intelecto, a palavra escrita e falada e seus meios de manifestação; desde a lógica, a análise, a crítica, a oratória ou a poesia até a máquina de escrever, o computador, a impressora, etc. Os geminianos deviam existir em grande número na idade paleolítica, quando surgiu a escrita pictográfica, entre os sumérios e acadianos, que parecem ter sido os inventores da escrita cuneiforme que abriu definitivamente o caminho para a escrita literal de hoje. Gêmeos deve ter tido muito trabalho no antigo Egito, onde havia três formas diferentes de escrita; a hierogramática ou hierática, reservada ao uso exclusivo dos templos, a hieroglífica, utilizada pelos faraós e pela nobreza, e a demótica, que era de uso popular. Também demonstrando a forte influência de Gêmeos e Mercúrio, os egípcios possuíam várias qualidades de papel para escrever, bastando citar o hierático, usado pelos sacerdotes e o emporético, reservado aos comerciantes.

Sua correspondência física é com a língua, as cordas vocais, as mãos, os músculos e o sistema nervoso. Pode afetar morbidamente estas partes gerando, principalmente, a gagueira e os transtornos e tiques nervosos, como pode dinamizá-las, tornando-as perfeitas e sadias. Mercúrio também exerce influência sobre a memória e os geminianos têm rara capacidade para guardar sons, cores, formas, lugares, imagens, datas e nomes. Excitando a energia mental, este planeta tanto pode produzir os cientistas ou literatos geniais, os advogados, os médicos ou professores brilhantes, os poliglotas, antropólogos, arqueólogos ou sociólogos eminentes, como pode também determinar os mais inteligentes exemplos de malandragem, desonestidade e malícia. Como os números estão sob sua tutela e a de Saturno, Mercúrio também dá aos seus nativos grande habilidade para lidar com eles e um geminiano negativo falsificará contas ou trapaceará com números com a mesma facilidade com que um positivo poderá calcular a massa do planetóide Eros, que passeia ociosamente entre os planetas do nosso sistema solar.

Os geminianos nascidos no primeiro decanato, entre 21 e 29 de maio, recebem a influência pura de Mercúrio. Seu intelecto é mais ágil, porém sua vontade é mais inconstante do que a dos seus irmãos de signo. Têm uma capacidade de observação muito desenvolvida e todos os seus sentidos, tato, olfato, visão, audição e paladar, são extremamente agudos. Já os que nascem no segundo decanato, entre 30 de maio e 8 de junho, têm as vibrações mercuriais mescladas à irradiação de Vênus, que participa da regência desses dez dias. Aqui, por efeito da elevada vibração venusiana, que é menos intelectual, porém mais sensível, os geminianos poderão destacar-se nos mesmos setores em que se projetam todos os nativos de Gêmeos, mas sua produção será menos crítica e mais sensível e sua personalidade será mais tranqüila, afetiva e amável.

Para os nativos do terceiro decanato, que vai de 9 a 20 de junho, as vibrações mercuriais estão mescladas aos influxos de Urano, que é participante da regência deste período. Os geminianos nascidos nesse período são, geralmente, os que melhor aproveitam as maravilhosas qualidades do seu signo, pois Urano, embora também seja um planeta vibrátil e elétrico, empresta-lhe profundidade, tornando-os mais concentrados e objetivos. As habilidades aqui são mais científicas, metafísicas e transcendentais do que literárias, artísticas ou comerciais. Os defeitos também são maiores e os geminianos negativos, influenciados pela combinação Mercúrio–Urano, transportam sua inteligência para o terreno da anarquia, do terrorismo ou da ação destrutiva.

Em todos os nativos de Gêmeos, todavia, é sempre mais forte a influência de Mercúrio e os geminianos podem esperar, do seu signo e do seu planeta regente, todas as qualificações que podem torná-los capazes de vencer através da inteligência e do conhecimento. Além do grande senso prático, que logo os faz descobrir uma utilidade para cada coisa, podem tranqüilamente penetrar nas atividades próprias de mais dois signos de ar, Libra e Aquário, pois existe neles o germe de todos os conhecimentos e de toda a sabedoria. Não sabem, como os filhos do fogo, dominar pela força ou investir agressivamente contra o mundo ou contra seus semelhantes; são, porém, voluntariosos, independentes e extremamente evasivos. Ninguém consegue obrigá-los a fazer aquilo que não querem e, sem brutalidade ou rudeza, evadem-se sorrateiramente, não sendo possível apanhá-los e subjugá-los. Por sua habilidade no falar, combinada com o senso crítico, capaz de ferir e levar ao ridículo, são freqüentemente atacados e muitas vezes punidos. Quando se meterem em política, religião ou filosofia, poderão ser severamente perseguidos e censurados por sua palavra sempre atraente, mas às vezes injusta ou demasiadamente ferina.

Cosmicamente, Mercúrio é o responsável pela libertação do homem, arrancando-o do torpor animal e ensinando-o a raciocinar e a inventar todas as coisas necessárias à sua evolução, mental e material. Mitologicamente ele é o mensageiro dos deuses, cínico, brincalhão, possuindo o espírito irreverente de quem conhece os segredos de todas as criaturas, mortais e imortais. Imprimindo seu selo em todos os geminianos, dá-lhes a alegria, o entusiasmo e a inconstância própria da juventude. Evolucionário ao redor do Sol, Mercúrio tem uma órbita extraordinariamente excêntrica e isto parece se refletir no temperamento dos nativos de Gêmeos, que podem rir sem o menor motivo ou mergulhar em inexplicável tristeza. Influenciando os geminianos ele os torna os mais atraentes tipos zodiacais, penetrados da sublime despretensão que caracteriza as crianças e do eterno espírito pesquisador que define os sábios.

Simbolismo das cores

As cores atribuídas a Mercúrio e, portanto, consideradas como favoráveis aos geminianos, são o cinzento e os tons mesclados. Também nas tonalidades próprias deste planeta encontramos a típica duplicidade mercurial, ora sombria, representada pelo cinzento, ora jovial, entusiasta e alegre, simbolizada pelas combinações policromáticas.

O cinza é formado pela combinação de branco e preto, os dois extremos da escala cromática, a negativa e a afirmativa absolutas. O primeiro simboliza a Verdade e o segundo o Nada. Enquanto o branco é a Sabedoria divina, o preto é a Paixão mortal, podendo um ser considerado como a manifestação de Deus e o outro a representação do seu oposto, o Diabo, ou seja, do Bem e do Mal, da Luz e das Trevas.

O uso da cor cinza pode aumentar a instabilidade psíquica e nervosa dos geminianos, que aliás, mesmo sem usá-la, sempre oscilam entre os extremos, e se dividem, como Castor e Pólux, entre o céu e o inferno.

Esta é uma cor que induz à submissão e à passividade. Muitas ordens monásticas, como testemunho de humildade e para declarar sua ignorância e afirmar sua submissão aos desejos de Deus, usam o cinza em seus hábitos. Quem não escolhe a submissão, quem não tem inclinação religiosa, quem deseja apenas prestar uma homenagem ao Criador lutando, vencendo, realizando-se como pessoa útil a si mesma e aos semelhantes deve evitar o cinza. Os geminianos, principalmente, sempre devem quebrar com algum detalhe de cor viva a monotonia de um traje cinzento, pois este tom pode acentuar suas alternativas de depressão e entusiasmo, pode dividir ainda mais sua personalidade, pode ampliar sua visão bifocal das coisas, tirando-lhe muito do senso prático e do objetivismo; pode, ainda, acentuar sua instabilidade nervosa, conduzindo-o rapidamente para a introversão e a neurastenia.

A policromia, ou a mistura de cores, portanto, é sempre mais favorável para os nativos de Gêmeos. As mesclas mais benéficas são aquelas que reúnem as tonalidades pertencentes a Vênus, Sol e Lua, que têm grande afinidade com o irrequieto Mercúrio.

O Sol é representado pelo amarelo. Esta cor estabelece o equilíbrio vital e dinamiza o intelecto, devendo o geminiano usá-la com freqüência. Misticamente, o amarelo simboliza a Revelação da divindade. É uma tonalidade que facilita o trabalho mental, aprofunda o pensamento e favorece a intuição. Muitos religiosos orientais, que procuram a perfeição através da meditação, usam hábitos amarelos.

O azul esverdeado, o verde e o rosa são cores de Vênus e podem beneficiar intensamente os geminianos nascidos entre 30 de maio e 8 de junho. São tons que aumentam a sensibilidade e elevam o espírito. As cores lunares são o verde bem pálido, o azul-celeste, o branco e o prateado. Tanto os tons pertencentes a Vênus, como os que estão sob a irradiação da Lua, são calmantes e fazem bem aos nervos e à saúde, devendo os geminianos usá-los sempre que possível.

As cores favoráveis aos nativos de Gêmeos podem ser usadas não só isoladamente, como combinadas. Os homens podem usar seus tons costumeiros, mas sempre aplicar as cores mais benéficas nos detalhes da gravata ou nas camisas. Já as mulheres nascidas em Gêmeos podem fazer as mais variadas combinações, usando os tons do seu signo e planeta e mais os que estão sob os influxos do Sol, de Vênus e da Lua. Os tons vermelhos devem ser usados com muita parcimônia, pois pertencem a Marte, que é muito hostil a Mercúrio; além do mais, o vermelho excita demasiadamente os nervos, o que não é bom para os geminianos e só deve ser usado no caso de fraqueza, esgotamento físico ou falta de vitalidade. O preto também deve ser empregado com cuidado, pois conduz à depressão e à tristeza.

A magia das pedras e dos metais

O berilo, a esmeralda, a ágata e o topázio são pedras preciosas que podem sem usadas, com efeitos muito benéficos, por todos aqueles que nascem sob as estrelas de Gêmeos e sob o domínio planetário de Mercúrio.

A pedra que mais favorece o geminiano é a ágata, que é uma variedade de quartzo de cores vivas e variadas, dotado, portanto, da policromia que é sempre propícia aos nativos de Gêmeos. O berilo também possui uma vibração muito benéfica, especialmente a variedade denominada coríndon azul, também chamada safira oriental. O topázio, com sua coloração amarela e a esmeralda, são pedras muito favoráveis. Segundo a tradição, o topázio dá entusiasmo e aumenta a capacidade de amar, enquanto a esmeralda proporciona calma e paz interior.

Mercúrio é o único metal que se liquefaz à temperatura ambiente e, ao redor do século VI, foi associado, pelos alquimistas, ao planeta Mercúrio, de que recebeu o nome. Naturalmente, os geminianos não podem utilizá-los e devem escolher, então, a prata, o ouro e o cobre, metais que pertencem à Lua, ao Sol e a Vênus, respectivamente. Com esses metais podem ser feitos adornos para uso pessoal ou para a decoração do ambiente doméstico ou de trabalho, pois suas vibrações são muito úteis e benéficas e sua utilização sempre é favorável aos que nascem sob as estrelas do signo de Gêmeos.

A mística das plantas e dos perfumes

As plantas do signo de Gêmeos e de seu regente, Mercúrio, são a aveleira, a salsa, a verbena, a madressilva, o junquilho, o jasmim e o loureiro. Todas elas são muito propícias, aliás como são todas as plantas, com exceção das venenosas, que estão sob a influência conjugada de Marte e Saturno e que não só têm efeitos letais para quem ingere seu suco ou mastiga suas sementes e flores como, também, sobrecarregam o ambiente com vibrações pesadas e maléficas.

Para os geminianos nascidos no segundo decanato de Gêmeos, entre 30 de maio e 8 de junho, que recebem também a influência venusiana, a rosa, o cravo, a violeta, a lavanda, a malva e a verbena são plantas muito benéficas, que não só devem ser usadas para ornamentação do ambiente como, também, utilizadas em forma de essência, para perfumar as roupas.

Para os que nascem no terceiro decanato, entre 9 e 20 de junho, a angélica é uma flor muito benéfica, embora todas as que já foram indicadas como pertencentes a Mercúrio e Gêmeos possam ser utilizadas por eles.

Os perfumes compostos, feitos atualmente pela química moderna, podem ser utilizados por qualquer tipo astrológico porque raramente são feitos com essências naturais. Aqueles, porém, que são executados com a pura essência das flores, devem sempre ser usados por todos os que desejam dinamizar as vibrações do seu signo e do seu planeta.

Sempre é bom aromatizar o ambiente, naturalmente sem finalidade mística ou religiosa; para os geminianos, será muito útil queimar flores secas, pertencentes ao seu planeta ou a Vênus, juntamente com um pouco de incenso ou mirra, que são resinas também de Vênus e se harmonizam cosmicamente com as flores de Gêmeos e Mercúrio.

MERCÚRIO E OS SETE DIAS DA SEMANA

Segunda-Feira

A Lua, regente de Câncer, domina sobre a segunda-feira. Câncer é um signo de água e este dia, portanto, pertence ao móvel e psíquico elemento que é responsável pelas fantasias, sonhos e crendices e que favorece as aparições e as comunicações com os nossos ancestrais. Sendo Câncer um signo de natureza passiva e a Lua um elemento também de energia passiva, ou feminina, a segunda-feira é um dia onde todos sentem sua vitalidade diminuída; como diz o povo, é "dia de preguiça".

Acontece que este dia domina sobre coisas importantes, que nada têm de preguiçosas, relacionando-se com a alimentação e a diversão pública. Circos, parques de diversões, teatros, cinemas, feiras, mercados, portos de mar, alfândegas, entrepostos de pesca, etc., são locais que estão sob a vibração lunar. Como Mercúrio se harmoniza bem com a Lua, os geminianos poderão tratar, nas segundas-feiras, não só dos assuntos relacionados com seu planeta e signo como, também, de todas essas atividades pertencentes à Lua.

Terça-Feira

A terça-feira está sob a vibração do agressivo e dinâmico planeta Marte. Como o turbulento deus da Guerra não vive em bons termos com Mercúrio, os geminianos devem evitar, neste dia, as atividades próprias do seu signo e planeta e tratar somente, e sempre com cautela, dos assuntos regidos por Marte. Neste dia, as vibrações são sempre violentas e é necessário tomar muita cautela com as palavras e as ações.

A terça-feira é favorável para consultar médicos, cirurgiões, dentistas, oftalmologistas, etc., pois Marte, além do seu grande poder vital, também age beneficamente sobre as coisas ligadas à saúde e ao corpo físico. É também dia propício para toda sorte de operações ou intervenções cirúrgicas, assim como para o início de qualquer tratamento de saúde.

Marte domina sobre a indústria, o ferro, o fogo, a mecânica, os ruídos, a violência, a dor, o sangue e a morte. Este dia é bom para tratar de assuntos ligados a hospitais, prisões, fábricas, matadouros, campos de esporte, ferrovias, indústrias e, também, quartéis e tribunais, pois Marte influencia os militares, homens do governo, juízes e grandes administradores de empresa.

Quarta-Feira

A quarta-feira está sob a regência de Mercúrio e de sua oitava superior, Urano. Para os geminianos, é o dia mais benéfico da semana, propício para o início de qualquer atividade ou para a realização de negócios importantes. Sendo um dia de intensa vibração, reforça as qualidades positivas, mas também dinamiza os aspectos negativos, devendo haver especial cuidado em relação a papéis, documentos, dinheiro, etc.

Mercúrio domina todas as coisas relacionadas com o movimento, sendo esse dia benéfico para programar ou iniciar viagens, terrestres, marítimas e também aéreas, pois Urano, o planeta que liberta o homem da Terra, também domina a quarta-feira. Todos os assuntos comerciais ou intelectuais, desde a exportação e importação até as vendas dos camelôs, desde as obras filosóficas até a composição das revistas em quadrinhos, também têm a quarta-feira como dia propício.

Mercúrio governa todos os documentos, cartas e papéis importantes, favorecendo a assinatura de contratos e obrigações. Também rege sobre tudo o que se relaciona com livros, publicações e publicidade. Urano, por sua vez, domina sobre a eletrônica, o rádio, a televisão, o automobilismo, a alta ciência e todas as atividades onde intervenham a eletricidade, o movimento mecânico, as ondas de rádio ou, simplesmente, o ar.

Urano é um planeta eletromagnético e os geminianos são muito sensíveis às suas irradiações, podendo encaminhar-se nas profissões e atividades por ele regidas com o mesmo êxito que terão se se dedicarem a qualquer das profissões dominadas por Mercúrio. A quarta-feira favorece, portanto, os nativos de Gêmeos, mas oferece alguns perigos, em virtude dos aspectos negativos de Urano, que são muito mais violentos do que os de Mercúrio. É preciso cautela no escrever e no falar. A prudência é aconselhável porque os raios negativos de Urano podem provocar acidentes por meio mecânico. As crises depressivas devem ser combatidas porque, nas quartas-feiras, elas poderão conduzir à neurastenia ou autodestruição.

Os aspectos positivos da quarta-feira são extremamente benéficos e os geminianos devem fazer sempre, no dia de hoje, as suas tarefas mais importantes ou nele devem iniciar as coisas que podem transformar favoravelmente sua vida.

Quinta-Feira

Júpiter, o benevolente deus dos deuses, é quem domina sobre as quintas-feiras, favorecendo tudo o que diz respeito às relações humanas, desde que não sejam transações comerciais.

Ele protege os noivados, namoros, festas, casamentos, reuniões sociais, comícios políticos, conferências, concertos, etc. Também sob sua regência estão todas as coisas relacionadas com o Poder e o Direito. Pode-se, pois, nas quintas-feiras, tratar de assuntos ligados a juízes e tribunais ou que tenham que depender do governo, do clero ou das classes armadas. Também sob as irradiações de Júpiter estão os professores, os filósofos, os sociólogos, os cientistas, os economistas, os políticos e os grandes administradores de empresa.

Júpiter se harmoniza bem com Vênus e a quinta-feira é muito benéfica para os geminianos nascidos no segundo decanato de Gêmeos, entre 30 de maio e 8 de junho. Já aqueles que têm sua data natal colocada nos dez dias finais de Gêmeos, entre 9 e 20 de junho, não terão os mesmos prognósticos propícios para esse dia, pois Júpiter não combina muito bem com Urano, participante deste decanato. Igualmente, o deus dos deuses não encara com olhos muito benévolos o inquieto Mercúrio, e todos os nativos de Gêmeos devem agir com cautela nesse dia, especialmente se tiverem que lidar com dinheiro ou documentos.

Sexta-Feira

A regência das sextas-feiras está dividida entre Vênus e Netuno. Embora Vênus tenha grande afinidade com

Mercúrio, Netuno lhe é bastante hostil, devendo os geminianos agir com prudência, principalmente nos assuntos governados por seu adversário.

Vênus rege a beleza e a conservação do corpo. A sexta-feira é favorável para a compra de roupas e objetos de adorno, para cuidar dos cabelos ou tratar de qualquer detalhe relacionado com a beleza e a elegância, masculina ou feminina. É dia propício para festas, reuniões sociais ou encontros com amigos. Protege, também, os namoros, noivados, as artes e atividades artísticas e os presentes dados ou recebidos neste dia são motivo de muita alegria, sejam eles flores, bombons, objetos de adorno ou de decoração, ou livros, roupas, etc.

Os geminianos, nas sextas-feiras, poderão tratar das atividades venusianas com bastante êxito, principalmente os nascidos entre 30 de maio e 8 de junho; apenas estes últimos nada terão a recear das vibrações netunianas, devendo os demais nativos acautelarem-se contra os raios negativos do senhor dos oceanos.

Netuno é o regente do signo de Peixes que, no horóscopo fixo, intelectual, representa a Casa dos inimigos ocultos, das traições, das prisões e exílios e dos mistérios astrais. Com exceção dos geminianos que já apontamos acima, isto é, dos nascidos entre 30 de maio e 8 de junho, os nativos de Gêmeos devem evitar as ações impensadas, porque elas se refletirão intensamente em seu bom nome e em seu prestígio social, quando forem praticadas hoje. Para captar as boas vibrações netunianas é bom agir com generosidade e bondade, pois Netuno rege a pobreza, a miséria e a doença, regendo, portanto, a caridade, a filantropia e as obras sociais.

Sábado

O frio e constritor Saturno, filho do Céu e da Terra, que não se harmoniza com nenhum planeta, abre exceção para Mercúrio e Urano sendo, portanto, o sábado um dia benéfico para todos os nativos de Gêmeos, com exceção dos que têm sua data natal entre 30 de maio e 8 de junho, período que está sob a influência participante de Vênus, que é hostil a Saturno, regente desse dia.

A vibração saturnina beneficia os lugares sombrios ou fechados, tais como cemitérios, minas, poços, escavações e laboratórios, ou os locais de punição, sofrimento, recolhimento ou confinação, como cárceres, hospitais, claustros, conventos, hospitais de isolamento, etc. A lepra, as feridas e chagas, o eczema, a sarna e todos os males da pele lhe pertencem, e o sábado é bom dia para iniciar ou providenciar seu tratamento.

Este planeta também domina sobre a arquitetura de grande porte e a construção de edifícios para fins religiosos, punitivos ou de tratamento, como igrejas, conventos, claustros, tribunais, orfanatos, penitenciárias, asilos, casas de saúde, etc. A ele também estão ligados os estudos profundos, como a matemática, a astronomia, a filosofia e, também, as ciências herméticas. Como filho do Céu e da Terra, ele também é o regente dos bens materiais ligados à terra, as casas, terrenos, propriedades na cidade ou no campo, sendo o sábado favorável para a compra e a venda dos mesmos.

Domingo

O Sol, que é o senhor do domingo, é o planeta da luz, do riso, da fortuna, da beleza e do prazer e está sob sua influência tudo aquilo que é original, belo, festivo, extravagante, confortável e opulento.

No domingo é possível pedir favores a pessoas altamente colocadas, solicitar empréstimos ou tratar de qualquer problema financeiro. Pode-se, com êxito, pedir proteção ou emprego a altos elementos da política, do clero ou das finanças. É um dia que inclina à bondade, à generosidade e à fraternidade, sendo, portanto, benéfico para visitas, festas, reuniões sociais, conferências, para noivados, namoros e casamentos; favorece, ainda, a arte e todas as atividades ligadas a ela, assim como as jóias e pedras preciosas, e as antiguidades de alto valor, dominando sobre a compra e a venda e a realização de exposições, mostras, concertos, etc.

No domingo, os geminianos podem não só tratar das atividades ligadas ao Sol como, também, de todos os assuntos afeitos a Mercúrio. Os aspectos são menos favoráveis para os que nascem no terceiro decanato de Gêmeos, entre 9 e 20 de junho, quando as vibrações solares não encontram afinidade.

MITOLOGIA

Gêmeos

O incurável amoroso que foi Júpiter, o poderoso pai dos deuses, cuja esposa Juno sofreu mil infidelidades, apaixonou-se, certa vez, pela formosa Leda, filha de Téstio, rei da Etólia e esposa de Tíndaro, rei de Esparta. Para poder se aproximar de Leda e seduzi-la, Júpiter transformou-se num majestoso cisne branco e desse amor resultaram dois ovos; de um deles nasceram Pólux e Helena, considerados imortais por serem filhos de Júpiter; do outro vieram à luz Castor e Clitemnestra, ambos mortais, pois foram tidos como filhos de Tíndaro, o legítimo esposo de Leda.

Desde a mais tenra idade, Castor e Pólux viveram unidos por profunda amizade e, embora Castor fosse mortal, ambos eram chamados Dióscuros, isto é, filhos de deus. Na fabulosa lenda do Tosão de Ouro, onde se narra a história correspondente à constelação de Áries, os dois irmãos embarcaram com Perseu, no navio Argos. Nas inúmeras e perigosas aventuras por que passaram os cinqüenta e dois argonautas que compunham a armada do navio vingador, Castor e Pólux distinguiram-se por sua coragem e valor, pois, além de robustos atletas, eles eram consumados guerreiros de invencível coragem.

Logo após a vitoriosa aventura do Tosão de Ouro, os gêmeos empenharam-se em salvar sua irmã, Helena, que havia sido raptada por Teseu. Como a beleza de Helena causasse muitas desgraças, Teseu a havia aprisionado e encerrado, a fim de que sua formosura ficasse oculta e não trouxesse maiores males. Castor e Pólux libertaram Helena e foi então que Páris, o herói lendário que havia ido à Grécia fazer um sacrifício a Apolo, a viu, apaixonou-se e por causa desse amor teve início a sangrenta guerra que depois foi relatada na Ilíada.

Pólux era imortal, mas Castor estava sujeito à morte e o amor foi a causa de seu fim. Leucipo, irmão de Tíndaro, portanto tio de Castor, tinha duas filhas de excepcional beleza: Febe e Ilaira. Os gêmeos se apaixonaram por elas, mas como ambas estavam comprometidas, resolveram raptá-las. Foram perseguidos pelos noivos das jovens, e terrível combate se travou, onde Castor foi morto. Pólux, desesperado, rogou a Júpiter que trouxesse novamente à vida o seu irmão. Júpiter, que sempre amou ternamente todos os filhos que teve, não pôde satisfazer integralmente esse pedido, mas arranjou outra solução: colocou Castor e Pólux, juntos, na Constelação de Gêmeos, para que ambos pudessem viver eternamente juntos.

Gregos e romanos sentiam extrema veneração pelos Dióscuros. Os viajantes marítimos, nas noites de tempestade, ficavam satisfeitos e se sentiam seguros quando viam brilhar, na ponta dos mastros, os fogos comumente chamados de Santelmo; estes eram sinais que prenunciavam uma viagem vitoriosa, pois, segundo a lenda, durante a travessia do navio Argos, os argonautas sempre viam luzes semelhantes chamejando sobre as belas cabeças dos dois irmãos.

Em Roma era poderoso o culto dos Dióscuros. Os romanos faziam juramentos em seu nome, que não quebravam sob pretexto algum; as mulheres juravam pelo nome de *Edcastor*, Castor, e os homens por *Edpol*, Pólux.

Na célebre batalha de Maratona, os atenienses viram os dois irmãos combatendo ao seu lado. Dizia a lenda que Pólux era invencível na luta corpo a corpo e Castor era insuperável na arte de domar e montar os cavalos. Na maioria das imagens, eles eram representados como dois jovens adolescentes, de extrema beleza, às vezes montados em cavalos brancos. Na cabeça, freqüentemente traziam um capacete na forma da metade de um ovo, como lembrança de sua origem. Em sua homenagem, como símbolo de sua juventude e de seu amor fraternal, eram sacrificados apenas cordeiros imaculadamente alvos.

Mercúrio

Zeus, ou Júpiter, é responsável pela paternidade da maioria das figuras mitológicas. A origem de Mercúrio é bem interessante, e seu nascimento se deve a mais uma entre as mil aventuras amorosas do ardoroso pai dos deuses.

Júpiter, certa vez, apaixonou-se por uma ninfa, Clímene, e desse amor nasceu Atlas, uma criatura de físico perfeito e força colossal. Por ofender Júpiter, Atlas foi condenado a carregar o mundo nas costas, mas, antes disso, ou talvez depois, o poderoso atleta amou Plêione e dela teve sete filhas que foram imortalizadas e colocadas na constelação de Touro, onde formam o agrupamento estelar chamado Plêiades. Uma das plêiades, Maia, foi amada por Júpiter, que era seu avô, e lhe deu um filho, Mercúrio ou Hermes, como o chamavam os gregos.

Deus da eloqüência, do comércio, da oratória, dos viajantes, negociantes e até dos ladrões, Mercúrio exercia múltiplas atividades na corte olímpica. Participava de todas as questões, intrigas, guerrilhas ou acordos, na posição de mensageiro, mediador ou diplomata. Era figura importante em quase todos os casos amorosos. Um dos mais interessantes é o que conta a história do amor de Júpiter por Io, a filha do estranho rio Ínaco. Para livrá-lo do ciúme de Juno, sua esposa, Júpiter transformou-a numa vaca branca. Suspeitando de algo e impressionada com a beleza do animal, Juno pediu ao esposo que lhe desse a vaca; Júpiter não ousou negar o pedido e a vaca foi levada aos jardins de Juno, onde ficou sob a guarda de Argos, um pastor que tinha cem olhos bem estranhos, pois enquanto cinqüenta dormiam os outros cinqüenta ficavam vigiando. Mercúrio adormeceu todos os olhos de Argos com sua flauta mágica, cortou a cabeça do pobre pastor e libertou Io. Juno, penalizada, transformou Argos num pavão, cuja cauda cromática mostra os cem belos olhos.

Desde pequenino Mercúrio sempre mostrou seu gênio brincalhão e suas tendências desonestas. Foi ele quem roubou o tridente de Netuno, a espada de Marte e o famoso cinto de Vênus. Roubou, também, os bois de Apolo, depois trocou-os pela maravilhosa lira do deus-Sol. Foi, também, participante de um curioso episódio, o que conta a história das núpcias de Tétis e Peleu onde, em plena festa, a deusa Discórdia atirou sobre a mesa uma maçã de ouro com o dístico: *à mais bela*. Juno, Minerva e Vênus disputaram a posse da maçã e um concurso foi organizado. Páris foi o juiz e, ao conceder o pomo a Vênus, dando-lhe a vitória, arranjou duas terríveis inimigas em Juno e Minerva, que por isso causaram a ruína dos troianos. As três deusas viviam brigando, e para acompanhá-las ao monte Ida, foi realizado o concurso. Júpiter escolheu o habilíssimo Mercúrio, que conseguiu levá-las até lá, sem maiores problemas.

Mercúrio, numa de suas histórias de amor, apaixonou-se por Penélope, mulher de Ulisses. Para seduzi-la transformou-se em bode e dessa paixão nasceu Pã, ardoroso deus dos caçadores e incorrigível sedutor de ninfas. Amou, também, Prosérpina, que depois foi esposa de Plutão, deus dos infernos, e a náiade Lara, também chamada Muta ou Tácita, porque tivera sua língua cortada por Júpiter, como castigo. Condoído e apaixonado, Mercúrio protegeu-a e ela lhe deu dois filhos, os chamados deuses Lares, que estavam em todas as casas romanas e traziam sorte e prosperidade.

Gregos e romanos cultuavam Hermes-Mercúrio, com grande devoção. Tinha grandes templos em Creta e maiores ainda em Cilene, pois, segundo a lenda, seu nascimento ocorrera num monte próximo a essa cidade. Tinha, ainda, um oráculo em Acaia. Em Roma, eram-lhe dedicadas grandes festividades no primeiro dia de maio, onde os negociantes lhe prestavam homenagens pomposas.

ASTRONOMIA

A constelação de Gêmeos

Observando-se o céu em noite límpida, é fácil descobrir a constelação de Gêmeos, em virtude de suas belas estrelas principais, de magnitude quase igual, Pólux e Castor, respectivamente alfa e beta. Há uma estranha mutabilidade em alguns dos sóis de Gêmeos, notadamente em dois deles, a delta Wasat e o zeta Mekbuda, que têm uma magnitude extraordinariamente variável, ora diminuindo de modo misterioso, ora apresentando um brilho fantástico, como se retratassem a inquieta e versátil natureza do signo de Gêmeos.

Pólux, a alfa, é um gigantesco sol amarelo. A beta Castor tem uma interessante particularidade que desperta a atenção tanto do astrônomo como do astrólogo: vista ao telescópio, Castor demonstra ser uma estrela *dupla*; esses dois sóis, observados com aparelhos mais potentes, revelam que também são *duplos* e têm, em seu centro, uma outra estrela *dupla*, dois pequeninos sóis de cor laranja que giram vertiginosamente um ao redor do outro, perfazendo uma volta completa em menos de 19 horas. Assim, a estrela Castor é formada por sóis ou três pares de *gêmeos*!

Misticamente encontramos a resposta para essa misteriosa qualidade sêxtupla de Castor; como Pólux representa o homem divino, portanto unificado, e Castor simboliza o homem mortal que procura sua união com o Criador, então, nele existe o binário humano-divino, presente nos três planos: corpo, alma e espírito.

O planeta Mercúrio

Mercúrio tem um diâmetro de apenas 3 000 milhas e é o planeta que está mais próximo do Sol, estando separado dele por uma distância de 36 000 000 milhas. Sua densidade é seis vezes maior do que a da água, muito mais elevada, portanto, do que a de qualquer outro planeta. Como sua massa é relativamente pequena, essa densidade não pode ser devida à compressão gravitacional, mas sim à elevadíssima porcentagem de ferro que ele possui, muito maior do que a que existe no planeta Terra.

Mercúrio gira muito depressa ao redor do seu eixo, e como sua revolução orbital tem igual rapidez, isso provoca um curioso fenômeno: 37% de sua superfície está eternamente exposta ao Sol e sua temperatura é de cerca de 340°. Outros 37% estão eternamente na sombra e sua temperatura é de 253° abaixo de zero. Os restantes 26% estão alternadamente mergulhados nas trevas e expostos ao Sol, o que implica colossais alterações de temperatura, o que tornaria muito incômoda a vida do astronauta que conseguisse chegar até lá, o que só seria possível se construíssem trajes e aparelhos capazes de suportar as máximas temperaturas mercuriais que são mais elevadas do que as que necessitamos para fundir o chumbo.

Sua superfície pode ser comparada à da Lua. Manchas iguais às lunares foram fotografadas e batizadas como *mária* (mares), embora sejam, provavelmente, apenas campos de lava. Por muito tempo os astrônomos procuraram indícios de atmosfera em Mercúrio até que, finalmente, Dollfus, mediante o exame das medidas de polarização, constatou que existe uma insignificante atmosfera, ou invólucro de ar, ao redor do planeta, que é de apenas 0.003, em relação à da Terra. A órbita extraordinariamente excêntrica de Mercúrio também tem dado muita dor de cabeça aos astrônomos, que chegaram a supor que existe um satélite gravitando ao redor desse planeta, tão veloz que seu ano tem apenas 88 dias. Desde o século XVI muitas pesquisas têm sido feitas, para descobrir se Mercúrio tem realmente alguma lua, tão pequena que seja invisível. Leverrier chegou a batizar o presumível satélite com o nome de Vulcano. Em 1859, Lescarbault viu passar uma mancha negra sobre o Sol, talvez o desconhecido satélite de Mercúrio. Durante o eclipse solar, total, de julho de 1878, Watson julgou ver não uma lua, mas dois planetas! Embora, atualmente, a teoria da relatividade de Einstein tenha resolvido, aparentemente, o problema do excêntrico movimento de Mercúrio, ainda não está totalmente abandonada a idéia de um satélite mercuriano ou de um anel de asteróides evolucionando ao redor desse planeta.

Mercúrio é o menor dos planetas superiores. São chamados superiores os planetas que estão colocados entre o Sol e a misteriosa Terra de Ninguém, chamada zona dos asteróides; eles são Mercúrio, Vênus, Terra e Marte, e os asteróides os separam dos outros, de movimento mais lento, Júpiter, Saturno, Urano, Netuno e Plutão, que, aliás, é infinitamente pequeno.

Há uma teoria segundo a qual os asteróides são fragmentos de um colossal planeta que existiu entre Marte e Júpiter e depois se desintegrou. Os meteoritos que caem na Terra e que são fragmentos dos corpos celestes existentes na zona dos asteróides mostram que o tempo transcorrido entre a solidificação desse enorme planeta e o estado atual dos seus fragmentos corresponde ao vertiginoso número de 4 500 000 000 de anos! Alguns desses meteoritos que caem na Terra mostram que os asteróides a que pertenciam eram suficientemente grandes para permitir o acúmulo de calor radiativo. Dentro deles até pequenos diamantes foram encontrados, o que indica que a pressão do asteróide que deu origem ao meteorito era tão elevada que sua massa devia aproximar-se à de Marte, muitíssimo superior, portanto, ao tamanho do pequenino e veloz Mercúrio.

ALGUNS GEMINIANOS FAMOSOS

Camila Pitanga — 14 de junho de 1977
Sônia Braga — 8 de junho de 1950
Diego Hypolito — 19 de junho de 1986
Walt Whitman — 31 de maio de 1819
Marquês de Sade — 2 de junho de 1740
Schumann — 8 de junho de 1810
Isadora Duncan — 27 de maio de 1878
Conan Doyle — 22 de maio de 1859
John F. Kennedy — 29 de maio de 1917